JN049197

# 親鸞を生きる

HIRO SACHIYA
ひろさちや

佼成出版社

# まえがき

日本仏教の祖師たちに関する八冊のシリーズの執筆を依頼されたとき、わたしは、

——生き方——

をテーマにすることを考えました。幸いに出版社の意見と一致したのですが、これまでの仏教者は、教理や教学、あるいは史学に偏っています。でも、わたしたちは学者ではありません。なかには学者もおいでになるでしょうが、それは例外としてください。ほとんどの読者が仏教書を読もうとされるのは、仏教を学んで、自分がどう生きればよいかを教わりたいがためだと思います。だって、わたし自身がそうなんですから……。

そこで、この親鸞に関する書の執筆のときも、わたしの頭の中にあったのは、親鸞がどう生きたかではなく——それだって大事なことですが——、わたしたちが親鸞の生き方から何を学ぶか、でした。

親鸞は数奇なる生涯を歩んだ人でした。

出家をして比叡山に学び、そして山を下りました。

その後、僧でありながら結婚をし、子どももうけました。

そのためもあってか流罪になります。

そして、妻子をともなって関東に流浪の生活をおくります。

晩年は京都で、隠逸の暮らしをしたようです。

その生き方は、ある意味では現代人と同じです。いちおう一流大学（比叡山がそうだと思います）に入りながら、そこを去って上流階級の娘と結婚し、フリーター的生活をする。そして刑務所に入れられ、出所後は妻の実家に半分は面倒を見てもらいながら、まあともかく学習塾の塾頭まではなりました。だが、還暦をすぎてからは独身に戻り、故郷の京都で細々と生きる。いちおうそのようにまとめることができそうです。では、もしあなたにそのような運命が与えられたら、あなたはどのように生きますか？

たぶん、少なからざる人が、自棄《やけ》っぱちの人生をおくりそうです。ましてや刑務所に入れられたのは、百パーセントその人の責任ではなしに（親鸞の場合がそうでした）、何かの行き掛かり上、そういうはめになったケースにおいてをやです。

にもかかわらず親鸞はそうではなかった。

なぜでしょうか……？

それは、親鸞においては、

――阿弥陀仏に対する信心――

があったからだと思います。

ともすれば自棄っぱちになる人生を、阿弥陀仏が救ってくれたのだと悟ります。もちろん親鸞においては、それは阿弥陀仏でありました。しかし、読者のうちには、阿弥陀仏以外の絶対者を信じておられる人もおいでになります。釈迦仏に対する信心、大日如来に対する信心、あるいはキリスト教の神（ゴッド）に対する信心をお持ちの方もおいでになります。それはそれでかまいません。大事なことは、絶対者を信じる心です。

絶対者に対する信心があるということは、自己の存在（分かりやすく運命と呼んでもいいでしょう）をその絶対者におまかせして生きるということです。そうすると自分がいかなるはめになろうと――病気になり・貧乏になり・逆境に置かれようと――、わたしたちは人間らしく生きられます。いいですか、人間らしく生きるということは、金持ちになったり、健康になったり、出世をしたりすることではありません。あなたがあなたのまま、人間らしく生きることです。そこを錯覚しないでください。

わたしは、親鸞はそういう生き方をした人だと信じています。

そう信じて、わたしはこの本を書きました。

読者も、どうか親鸞に、人間らしく生きる生き方を学んでください。それが著者の心からなる願いです。

合掌

二〇二一年六月

ひろさちや

親鸞を生きる

目次

カバー画像　奈良国立博物館所蔵・提供
装丁　本田　進

# 親鸞を生きる

# 第1章 善人と悪人

## いはんや悪人をや

**▼親鸞聖人（一一七三―一二六二）について、ひろさんに語っていただきたいと思います。親鸞といえば、有名な、《善人なをもて往生をとぐ、いはんや悪人をや》の言葉があります。最初に、この言葉について解説してください。**

親鸞の弟子であった唯円《ゆいえん》が、親鸞の滅後に編集した『歎異抄《たんにしょう》』にある言葉ですね。もう少し詳しく引用しておきましょう。

善人なをもて往生をとぐ、いはんや悪人をや。しかるを、世のひとつねにいはく、悪人なを往生す、いかにいはんや善人をや。この条一旦《いったん》そのいはれあるににたれども、本願他力の意趣《いしゅ》にそむけり。（『歎異抄』第三段）

「善人が極楽浄土《ごくらくじょうど》に往生できるのだから、悪人が往生できるのは当然である。それなのに世間の人々は、悪人でさえ往生できるのであれば、善人が往生できるのは当然と言っている。この世間の人々の言い種《ぐさ》は、一見、筋が通っているようだが、阿弥陀仏《あみだぶつ》の本願《ほんがん》と他力《たりき》の教えと矛盾するものである」

これはまさにパラドックス（逆説）です。

**▼本当ですね。普通は、善人を優等生、悪人を劣等生とすれば、劣等生でも合格できるのであれば、優等生が合格できるのは当然、となります。それなのに親鸞は、優等生が合格できるのであれば、当然に劣等生は合格できる、と言っています。どうしてそうなるのですか……？**

わたしたちは、その問題をじっくり考えねばなりません。しかし、その前に言っておきたいことがあります。

わたしが大学生のころ——もう六十年以上も昔のことですが——、この《善人なをもて往生をとぐ、いはんや悪人をや》は、まちがいなく親鸞の言葉とされていました。ところが近年は、これは親鸞の師であった法然（一一三三―一二一二）の言葉とされています。親鸞は、師の法然から聞いた言葉を、『歎異抄』の中で弟子の唯円に語り聞かせたというのが、近年の常識です。

もっとも、法然と親鸞とでは、同じ言葉を語っているにせよ、その内容というか、解釈の仕方はだいぶ違っています。その違いを含めて、わたしたちは善人と悪人の問題を考えてみましょう。

## 善人の悪、悪人の善

ここでちょっと脱線します。

イギリスの作家、サマセット・モーム（一八七四―一九六五）は、そのエッセイである『サミング・アップ』の中で、次のように語っています。

《私は善人の善は当然視し、彼らの短所なり悪徳なりを発見すると面白がるのだ。逆に、悪人の善を発見したときは感動し、その邪悪に対しては寛大な気分で肩をすくめるだけにしてやろうと思う。私は仲間の人間の番人ではない。仲間の人間を裁くような気持にはなれない。彼らを観察するだけで満足だ。私の観察では、概して、善人と悪人の間には世の道徳家

が我々に信じ込ませたがっているほどの差異は存在していないという結論になる》（行方昭夫訳、岩波文庫）

モームは明らかにキリスト教の、

《人を裁くな。あなたがたも裁かれないようにするためである》（『新約聖書』「マタイによる福音書」7）

を意識して書いています。

ところで、わたしは昔、若い人から質問をうけました。

「先生、善人というのは善をする人でしょう。悪人は悪をする人。それなのにモームは、〝善人の悪〟〝悪人の善〟ということを語っています。おかしいと思いませんか?!」

なかなか鋭い質問です。

そのとき、わたしは、法然や親鸞の《善人なをもて往生をとぐ、いはんや悪人をや》を考えたのですが、それを言うと話がかえってややこしくなるので、一般的な問題として次のように答えました。

「人間が十の行為をするとする。たぶんそのうち六つは善でも悪でもないものだ。飯を食うとか、糞《くそ》をするといった行為がそれだ。仏教では、それを〝無記《むき》〟と呼んでいる。

残りの四つが善か／悪かの行為になる。その四つのうち、三つの善をし、一つの悪をするのが善人だ。反対に一つの善、三つの悪をするのが悪人と呼ばれる人だ。だからモームは、善人のうちの一つの悪事、悪人のうちの一つの善事を見つけて、にんまりとしているのだろう」

その説明で彼は納得してくれたようです。

普通、わたしたちは、善人といえば善ばかりを、悪人といえば悪ばかりをする人だと思いますが、そうではありません。善人と呼ばれる人でも、結構悪いことをしています。たまたま運が悪く、悪事がばれてしまって悪人とされている人でも、あんがい多くの善事をやっているのです。百パーセント純粋な善人／悪人なんていませんよ。

おもしろいのは、仏教の天台教学でいう、

――性悪説《しょうあくせつ》――

です。これは、仏には悪の行為はないが、悪の性質はあるという考えです。もしも仏に悪の性質がないのであれば、仏は悪人を理解できず、悪人を救うことができません。仏に悪の性質があるからこそ、悪を理解し、悪人を救うことができるのです。しかし、仏は悪の性質を持っておられますが、それを使わないのです。悪を使ってしまえば、仏ではなしに悪人になってしまいます。

## 世間の物差し、仏の物差し

さて、親鸞と法然に戻りましょう。

二人が論じているのは、じつは阿弥陀仏の救済論です。

阿弥陀仏は、善人か／悪人か、いずれを救われるでしょうか？

そう問えば、たいていの人は「善人を救われる」と答えるでしょう。しかしそれは、宗教と道徳をごちゃ混《ま》ぜにしているのです。

道徳的には、善人が嘉《よみ》され、悪人が糾弾《きゅうだん》されます。しかしそれは、「世間の物差し」による判定です。仏教は、そういう「世間の物差し」をかなぐり捨てて、ただ、

――仏の物差し――

によって判断します。法然も親鸞も仏教者だから、「仏の物差し」によって考えています。「仏の物差し」によれば、善人であろうと／悪人であろうと構いません。仏は善人だけを救われるのではないからです。善人であろうと／悪人であろうと、すべての人を仏は救われます。それが仏教の考え方です。キリスト教やイスラム教、あるいは神道とは違った考え方です。

「世間の物差し」は、優等生を是《ぜ》とし／劣等生を不可とします。優等生をまず是認した上で、

劣等生にまで憐《あわ》れみをかけるのが世間の常識です。だから「劣等生が救われるのであれば、優等生が救われるのは当然」となるわけです。しかし、法然にしろ親鸞にしろ、そういう「世間の物差し」に立脚して発言しているのではありません。そこを混同しないでください。

また、「世間の物差し」だと、金持ちが幸福で、貧乏人は不幸ということになります。しかし、実際問題として、不幸な金持ちは大勢おられます。むしろ金持ちのほうが不幸な人が多いようです。それと反対に、貧乏でも幸福に生きている人は多いようです。

さらに、健康が良くて／病気は良くないというのが「世間の物差し」です。だが、健康なるが故に浮気・不倫をし、家庭を滅茶苦茶《めちゃくちゃ》にしてしまった人もいます。健康イコール幸福とは限りません。

このようなあやふやな「世間の物差し」に対して、「仏の物差し」は、

――なんだっていい――

というものです。金持ちであってもいいし／貧乏であってもいい。健康であってもいいし／病気であってもいい。そして善人であってもいいし／悪人であってもいいのです。なんだっていいのです。

でも、わたしがそう言えば、なるほど劣等生の存在意義を認めるべきだが、その劣等生にしても、少しは努力して優等生になれるようにすべきであろう。貧乏人の存在を認めねばならな

いのは分かるが、その貧乏人も金持ちになれるようにがんばるべきだ。のほほんと貧乏の上に胡座《あぐら》をかいていてはいけない。そういう反論がなされそうです。

しかし、現在の世界水準では、資産が日本円に換算して五十億円以上ある人を、いちおう金持ちに分類しています。あなたが努力して、金持ちになることができますか?! あなたが一生涯のあいだに稼ぐ収入を全部蓄積しても（ということは、飲まず食わずにいても）、五十億円になることはありません。

だから仏教は、金持ちになろうとがんばるな！ 金持ちになろうとして、あくせく、いらいら、がつがつとした生き方をするな！ 貧乏人は貧乏なままで幸福に生きることができる。すなわち、

——のんびり、ゆったり、ほどほどに——

生きることができれば、それが幸福なんだ。そう仏教は教えています。それがなんだっていいということです。

病人は、いつか病気が治り、健康になることもあります。しかし、それまでのあいだは、その人は病人なんです。その病人としての期間、のんびり、ゆったり、ほどほどに生きることができれば、その人は幸福なんです。そのような意味で、仏教は、「なんだっていい」と教えています。いかなる状態にあっても、その状態のまま幸せに生きろ！ それが仏教の教えです。

## 法然の悪人優先論

このように、仏教の仏は善人／悪人にかかわらず、あらゆる人の救済を考えておられます。ここではあまり言う必要はありませんが、あえて言及しておきますと、ユダヤ教やキリスト教、イスラム教の神（ヤーウェ、ゴッド、アッラー）は、契約宗教ですから、神と契約を結んだ信者だけを救済されます。その点で仏教とキリスト教には大きな違いがあります。

ところが、仏はあらゆる人を救済されようとしておられるのに、法然や親鸞は、

《善人なをもて往生をとぐ、いはんや悪人をや》

と、あたかも悪人の卓越性を認めているかのような発言をしています。なぜでしょうか……？　じつは法然と親鸞とでは、やや考え方に違いがあります。

まず法然ですが、彼は善人と悪人の救済の優先度といったものを考えていたようです。善人と悪人と、どちらを先に救わねばならないか？　それが法然の関心事です。

こういう例で考えてみてください。太平洋の真ん中で十人が溺れているとします。阿弥陀仏は十人が十人とも救済されるのですが、そして十人が十人とも阿弥陀仏に救っていただかねばならないのですが、阿弥陀仏は誰を最初に救われるでしょうか？　阿弥陀仏は、立ち泳ぎでも

して、しばらく救助を待っておられる人——それが善人です——を後回しにして、泳ぎができず、いまにも沈みそうな人——それが悪人——を優先して救われるに違いありません。それが法然の考え方でした。

また、元気でいる子と病気の子を較《くら》べた場合、親はどうしても病気でいる子どもを思いやるものですが、元気な子が善人、病気の子が悪人といった説明がなされることもあります。わたしは昔は、その説明で納得していましたが、最近は、阿弥陀仏のお考えを人間の親の例で説明するのはあまり賛成できません。ことに近頃の日本人は「世間の物差し」にどっぷり浸《つ》かっていて、病気のわが子をかえって虐待し、元気な優等生を誉めそやす傾向さえあります。阿弥陀仏のお考えを、人間の気持ちでもって斟酌《しんしゃく》するのはやめたほうがよいと思います。阿弥陀仏のお考えは、われわれ人間には分からないのです。

だから法然上人は、〈俺は悪いことばかりしている悪人だから、きっと阿弥陀仏は俺のことなんか無視しておられるのだろう……〉と僻《ひが》んでいる人に対して、

「いや、そんなことはないよ。わたしは、あなたのような悪人こそ、真っ先に救ってあげたいのだ」

と思われたのだと思います。それが《善人なをもて往生をとぐ、いはんや悪人をや》といった表現になったのでしょう。わたしはそう考えています。

## すべての人が悪人

それに対して、親鸞はどのように考えられたか？
親鸞は、師である法然にべったりの人でした。
『歎異抄』において、親鸞は次のように語っています。

たとひ法然聖人にすかされまひらせて、念仏して地獄におちたりとも、さらに後悔すべからずさふらう。（第二段）

［よしんば法然上人にだまされて、念仏した結果地獄に堕ちたとしても、わたしに後悔はない］

これはすごい言葉です。自分は師の法然上人にだまされて地獄に堕ちても構わない。親鸞はそこまで法然を信じきっていたのです。
だからといって、親鸞が法然と同じ考えでいたかといえば、それはちょっと違うのです。じつは親鸞が師の法然と別れたのは——それは国家権力の横暴によって、二人は引き離されたのです——、親鸞が三十四歳のときです。そのあと九十歳まで親鸞は生きていますが、五十年以上も親鸞は法然と別れて独自の思索をしていたのです。だから親鸞が師の法然とは違った、独自の考えを持っていたのはあたりまえの話です。したがって、親鸞は法然とちょっと違った考えの持ち主でした。

では、親鸞はどのように考えたのでしょうか……？

端的にいえば、親鸞は、われわれ人間はすべて悪人であると考えていました。

わたしたちは誰もが、善いことをしたいと思っています。けれども、何が善いことか／何が悪いことか、われわれには分からないのです。通学の途中、老婆から道を問われ、そのお婆さんの道案内をしたため学校に遅刻し、先生から叱られた小学生がいます。小学生は老婆には善いことをしたはずですが、遅刻は悪いことになります。では、この小学生はどうすべきなんでしょうか？

Aさんのために善《よ》かれと思ってしたことが、Bさんを傷つけることだってあるのです。

それ故、親鸞によれば、この世の中の人間には、百パーセント完全な善人なんていません。わたしもあなたも、多かれ少なかれ悪人なんです。そういう悪人を救ってくださるのは阿弥陀仏だけだ。親鸞はそう考えました。

そして親鸞は言います。

されぱかたじけなく、わが御身《おんみ》にひきかけて、われらが身の罪悪のふかきほどをもしらず、如来の御恩のたかきことをもしらずしてまよへるを、おもひしらせんがためにてさふらひけり。まことに如来の御恩といふことをば、さたなくして、われもひとも、よしあしといふことをのみまふしあへり。(『歎異抄』結文)

[それ故、親鸞聖人はご自分の身にかこつけて、われわれ凡夫が自分自身の罪悪の深いことを認識せず、また阿弥陀如来のご恩がいかに大きいかを知ることなく迷っているのを、自分で気がつくようにされたのである。〔わたしたちは阿弥陀如来のご恩によってしか救われないのであるが、〕その阿弥陀如来のご恩をそっちのけにして、わたしも人々も、善/悪ということばかりを言い募っている]

わたしたちは、みんな悪人なんです。そして悪人は阿弥陀如来によってしか救われません。〝如来〟といった語が出てきますが、〝仏〟も〝如来〟もまったく同義の言葉です。善人であれば、自分の善行を増大させることによって救われる途《みち》もありそうです。けれどもわれわれみんなは悪人です。したがって阿弥陀仏によってしか救われない。それが他力《たりき》の信仰です。だとすれば、わたしたちは阿弥陀仏のご恩をよくよく考え、感謝すべきです。それが親鸞の考えでした。

## 「あなたは偽善者」

だいぶ以前のことですが、親鸞を取り上げたテレビに出演し、あるタレントさんから、

「親鸞の《善人なをもて往生をとぐ、いはんや悪人をや》といった発言は、まったくナンセンスです。これじゃあ、みんな、善いことをしようとする意思を失ってしまいますよ……」

と質問されました。質問というより詰問に近かったですね。

そこでわたしは、彼に返問しました。

「では、あなたは、ご自分が善人だと思っておられるのですね」

「そりゃあ、わたしは善人ですよ。少しぐらい悪いこともしましたが、刑務所に入るような悪事を働いたことはありません。わたしは善人です」

と断言されました。で、わたしはそのタレントさんに言ったのです。

「あのね、あなたは善人ではありません。あなたは偽善者です」

「えっ⁈　わたしは偽善者⁈　うーん、なるほどなあ……」

そう言って彼は頭を下げられました。

わたしの言葉は、ちょっとひどいものでした。「あなたは偽善者だ」といった言葉に、猛烈に腹を立てる人もいるでしょう。しかしそのタレントさんは頭のいい人で、わたしの言いたいこと――同時にそれは親鸞の思想ですが――をすぐに理解してくれたのです。

わたしたち人間には、完全な善人なんていません。完全なる善人とは、仏だけであります。人間は、所詮中途半端な存在です。たまには善をすることもあれば、多くの悪をしてしまいます。善をしたつもりでいても、さまざまな縁によってそれが悪になることもあります。そういう中途半端な人間存在を、わたしは、

――偽善者――

と名づけます。辞書に出てくる意味と少し違いますが、善人たらんとして立派な善人になることができず、ついつい悪をなしてしまう人間を「偽善者」と呼びたいのです。親鸞聖人の呼ばれる「悪人」とは、言い方を変えれば「偽善者」になります。

そして偽善者は、完全なる善をなすことはできませんから、自己の善によって救われることはできず、阿弥陀仏の救済力によってしか救われません。すなわち、自力（自己の善）によって救われるのではなく、他力（阿弥陀仏の救済力）によって救われるのです。それが親鸞の思

想だと思います。

## 善／悪に関心はない

先程の『歎異抄』（結文）からの引用に続けて、親鸞は次のように語っています。

聖人のおほせには、善悪のふたつ惣《そう》じてもて存知《じんじ》せざるなり。そのゆへは、如来の御《おん》こゝろによしとおぼしめすほどにしりとをしたらばこそ、よきをしりたるにてもあらめ、如来のあしとおぼしめすほどにしりとをしたらばこそ、あしきをしりたるにてもあらめど、煩《ぼん》悩具《のうぐ》足《そく》の凡夫、火宅無常の世界は、よろづのことみなもてそらごとたわごと、まことあることなきに、たゞ念仏のみぞまことにておはしますとこそ、おほせはさふらひしか。

［親鸞聖人の仰せには、

「善悪の二つについて、自分はなにも知らない。なぜかといえば、阿弥陀如来がその御心《みこころ》において〈これは善である〉と思われるところまでこちらが知ることができたとき、はじめて善を知ったといえるのだ。阿弥陀如来が〈これは悪だ〉と思われるところまでこちらが知ることができたとき、悪を知ったといえるのである。けれども、わたしたちは煩悩にまみれた凡夫であり、この世界は無常の火宅であって、すべてが嘘《うそ》いつわり、真実はなに一つない。そのなかで、ただお念仏だけが真実である」

と言われたのであった」

親鸞は、善／悪についていっさい関心がないと断言しています。なぜかといえば、わたしたちが善／悪についての阿弥陀仏の判断基準を正確に知ったとき、「これは善だ」／「これは悪だ」と知ることができるのです。しかし、われわれ凡夫に阿弥陀仏の判断基準が分かるはずがありません。だからわれわれは、善／悪について考えないほうがよいのです。

それから、この世は無常であり、火宅です。〝火宅〟というのは『法華経』に由来する言葉で、煩悩や苦しみに満ちたこの世を燃え盛る家に喩《たと》えています。そして『法華経』はわたしたちに、

――速《すみ》やかにこの火宅を出よ！――

と呼びかけています。ところが日本の仏教僧のうちには、この火宅においてむしろ「消火活動」をしろ、と説く人が多いですね。わたしは、釈迦仏ですらさっさと火宅から逃げ出されたのに、われわれ凡夫が下手に消火活動をすれば焼け死んでしまう可能性が高いと思います。し

たがって「消火活動をせよ！」と説く仏教僧は、『法華経』の教えに楯突いていると思います。

だが、親鸞は違います。親鸞は、この世は火宅であるから、嘘いつわりの世界であって真実なんてないと断じています。ということは、この世に善はないのです。善人はいない。悪人ばかりの世の中だと、親鸞はいわば、この世に絶縁状を突き付けているのです。わたしにはそう思えてなりません。

## 仏教者＝聖徳太子

ここでわたしは、わが国仏教の基礎を固めた聖徳太子（五七四―六二二）の言葉を思い出します。彼は、

《世間虚仮《せけんこけ》、唯仏是真《ゆいぶつぜしん》》

［世間は嘘いつわりである。ただ仏のみが真である］

と言っています。聖徳太子は、親鸞とまったく同じことを語っていますね。

ところで、聖徳太子といえば、おばの推古《すいこ》天皇（五五四―六二八）の摂政皇太子でした。ですから、推古天皇崩御後は聖徳太子が天皇位に就かれる予定でしたが、なにせ聖徳太子のほうが先に薨去《こうきょ》されたのでそうはならなかったのです。

**▼しかし近年の歴史学界では、「聖徳太子なんていなかった」というのが通説になっているでようですが……。**

そうですね、最近は「聖徳太子非実在説」が提唱されています。しかし、用明天皇の第二皇子であった厩戸皇子《うまやどのおうじ》がいたことは否定できない事実で、この厩戸皇子が聖徳太子であったかどうかが問題とされているようです。わたしは、

聖徳太子は……宗教的人物（仏教者）であり、

厩戸皇子は……政治上の人物（政治家）であったと思います。

その二人が同一人物であったか否か、われわれは追求しないでおきましょう。

さて、聖徳太子は《世間虚仮、唯仏是真》の発言――これが聖徳太子の言葉であることに問題はありません――の故に、江戸時代の儒者たちからさんざんに攻撃されました。

「聖徳太子よ、おまえさんは摂政だったのだろう。摂政といえば、天皇に代わって政務を執り行う政治家だ。その政治家が、自分が統治すべき世間を虚仮と呼んで、それでまともな政治ができるであろうか?!　聖徳太子よ、あんたは政治家失格だ！」

と、そういった論難を加えられたのです。江戸時代の儒者たちは仏教が大嫌いでした。それ

で初期の仏教の代表者ともいうべき聖徳太子を攻撃したのです。

たしかに、これが政治家=厩戸皇子に加えられた非難だとすれば、まったくの的外れではありません。いく分か聞くべきところがあります。だが、聖徳太子は仏教者です。仏教者であれば、《世間虚仮、唯仏是真》でいいと思います。この世間は火宅なんだから、さっさと見限っていいのです。そこで消火活動なんかすべきではありません。もしも消火活動をしないが故に非難を受けるようであれば、わたしたちは、

「なにせ釈迦世尊その人が火宅である釈迦国を見限って、さっさと逃げ出されたのです。ということは、この火事は釈迦仏の力でもってしても消せないのです。ましてやわれわれ凡夫に消せるはずがありません。さっさと逃げ出すべきですよ」

と呟くがごとくに言うべきです。わたしは、それが仏教者のとるべき、

——出世間主義——

だと思います。仏教者はあまり世間のことに係《かかずら》うな！　世間を虚仮と見て、傍観しておけ！　わたしは、そういう教訓を、法然・親鸞・聖徳太子から受け取っています。

## 消火活動をするな！

だいぶ脱線気味ですが、ついでに言っておきましょう。

じつは日本の仏教は、「国家仏教」なんです。国家のための仏教です。まず、六世紀の半ばに朝鮮の百済《くだら》から日本へ仏教が伝わったとき、国家・対・国家の関係で伝来しています。百済の聖明王がわが皇室に一体の仏像と仏具(幡蓋《ばんがい》)、若干の経論を伝えて来て(こんな物の到来を〝仏教伝来〟と言えるでしょうか?)、中国や朝鮮の諸国も仏教を受容しているのだから、おたくもいかがですか、と言ってきたのです。そこには信者なんてものは存在しません。僧侶もいません。そんなものが「宗教」といえるでしょうか?! だから仏教は、一つの文化装置として日本に伝来したのです。つまり「国家のための仏教」でした。

そういう次第で、仏教を受容した日本にもやがて寺院が建立され、僧侶ができますが、その僧侶というのがいわば「国家公務員」でした。国家の試験にパスをした者だけが僧となれたのです。そんな試験を受けずに自分勝手に出家した者は、「私度僧《しどそう》」と呼ばれ、見つかり次第、還俗《げんぞく》させられました。そのかわり、国家の試験に合格した「官僧《かんそう》」は厚遇され、生活費等はすべて国家が面倒を見てくれます。

しかしながら官僧は、国家の安泰を祈るのがその役目で、一般庶民への布教ばかりか接触することさえ禁じられていました。『律令』のうちの僧尼の取り締まり規定である「僧尼令」によると、一般庶民に勝手に説法した僧尼には罰が加えられています。こんなおかしな「仏教」

があるでしょうか?! わたしは呆れてものが言えなくなります。

だからなんです、日本のお坊さんは口を開けば道徳的発言をします。

――世の中の役に立つ人間になりなさい――

――善人（〝善人〟というのは、お坊さんによると国家権力に柔順な人です）になりなさい――


要するに、火宅において消火活動をしろと言うことです。消火活動をすべきは政治家です。現在日本のデモクラシーの世の中では、われわれは消火活動をさせるために政治家や公務員を雇っているのです。われわれ自身が消火活動をする必要はありません。聞くところによると、日本人がイギリスに滞在していたとき、火災に遭いました。彼は一所懸命、消防隊を手伝って鎮火に協力したのですが、あとで、何か犯罪でもやって、その証拠を湮滅《いんめつ》しようとしたのではないかと、こっぴどく調べられたそうです。普通のイギリス人は、自宅が火事になっても、消防署に連絡したあとは、さっさと逃げるそうです。そのために保険に入っているのです。『法華経』の教えを理解しているのは、むしろイギリス人のほうではないでしょうか?!

それにしても日本のお坊さんはおかしいですね。彼らは国家公務員・官僚の末裔《まつえい》だから、国家を守護することが第一の任務になります。昨今のお坊さんは、「宗教法人法」によって税制上の特別措置を受けています。そうすると、どうしても権力側に立ってしまうのです。わたし

は、

——火宅において消火活動をするな！——

というのが、『法華経』においての釈迦仏の教えだと思います。消火活動をやめて、火宅である世間から逃げ出しましょうよ。そういう提案をしたいと思います。

その点で聖徳太子は立派です。政治家としての彼の評価は別にして、仏教者としては、

《世間虚仮、唯仏是真》

と言ってのけたのだから、彼こそ真の仏教者だとわたしは尊敬します。仏教の基本精神は、この言葉に尽きるのではないでしょうか?!

## 本願誇り

そして法然・親鸞です。

聖徳太子は出家者ではありません。在家の仏教者です。

わたしは、出家が偉くて、在家はダメだと言っているのではありません。むしろ逆かもしれません。しかし、この出家・対・在家の問題は、別の章で述べます。

ともかく、聖徳太子が在家であったのに対して、法然も親鸞も出家者でした。ただし二人は

一時期、僧籍を剥奪されています。法然はそのあと受戒して僧となりましたが、親鸞は僧籍のないまま生涯を閉じたようです。しかしその前は、二人とも天台宗に属する出家僧でした。

まあ、それはそれとして、日本において、

——世間の物差しを捨てて、仏の物差しに帰依した——

最初の仏教僧が法然であり、そしてその弟子の親鸞であったと思います。

それまでの仏教僧は国家公務員だから、「世間の物差し」に従わざるを得ません。貧乏人より金持ちのほうがよい、劣等生より優等生のほうがいい、悪人より善人のほうがいいというのが世間の物差しです。そこでわれわれは努力して優等生になろうとします。金持ちになろうとする。けれども、金持ちになれば幸せかといえば、大金持ちでありながら不幸な人生を送っている人が大勢います。優等生がかえって不幸であるケースも多いですね。そこのところを聖徳太子は「世間虚仮」と喝破し、法然は、

——なんだっていい——

と言ったのです。善人であろうと悪人であろうと、阿弥陀仏はすべての人を救ってくださるのだから、われわれは善人になろうとする必要はありません。その「なんだっていい」というのが「仏の物差し」です。法然は日本仏教で最初に仏の物差しを提唱した高僧です。

その法然の弟子が親鸞。

親鸞は師の法然の仏の物差しを継承したのですが、「なんだっていい」と言えば、わたしたちはどうしても世間の物差しに縛られる可能性があります。金持ちでも貧乏でもよい——と言われたら、そりゃあわたしたちは金持ちのほうがよいと思います。そこで親鸞は、最終的には、

——むしろ悪人であれ！——

と言い切ったのだと思われます。

じつは阿弥陀仏の教えを信じる浄土教には、

——本願誇《ほんがんぼこ》り——

といった用語があります。阿弥陀仏は罪深い悪人をこそ救われるのであるから、阿弥陀仏の救済にあずかるためには悪人になるべきだ、と主張するのが本願誇りです。まあ、「本願に甘える」「本願に付け上がる」とでもいえばよいでしょうか。本来はこのような主張は阿弥陀仏の救済力を曲解した異端とされるのですが、親鸞は、

弥陀の本願不思議におはしませばとて悪をおそれざるは、また本願ぼこりとて往生かなふべからずといふこと。この条、本願をうたがふ、善悪の宿業をこゝろえざるなり。よきこゝろのおこるも宿善のもよほすゆへなり、悪事のおもはれせらるゝも悪業のはからふゆへなり。故聖人のおほせには卯毛《うもう》・羊毛《ようもう》のさきにいるちりばかりも、つくるつみの

宿業にあらずといふことなしとしるべしとさふらひき。（『歎異抄』第十三段）

［阿弥陀仏の本願は、われわれ凡夫には思議できない力があるからといって、悪をおそれぬ者は、これはまた本願誇りであって極楽世界に往生できないといった説があるようだが、この説は阿弥陀仏の本願を疑うものであり、善／悪の宿業を知らないものである。

善き心がおきるのも、前世からの因縁である宿業がそうさせるからであり、悪事をたくらみやってのけるのも、前世からの悪因縁によるものだ。故親鸞聖人が言われたように、兎《うさぎ》の毛・羊の毛の先端についている塵《ちり》ばかりの小さな罪を犯したにしても、それは前世からの因縁による以外にないと考えるべきだ］

と、本願誇りを邪説と非難する者をむしろ批判しています。つまり親鸞は、

――悪人こそ救われる――

と考えたのであり、もう少し極端にいえば、

――悪人でなければ救われない――

とまで考えたようです。あらゆる人が悪人だ、善人なんていない、といった親鸞の信念が、そこまで断定させたのではないでしょうか。

親鸞は法然の弟子ですが、二人のあいだにはやや考え方の違いがあるように思います。

# 第2章 親鸞と法然

## 完全なる存在は神や仏だけ

**▼すみません。いきなり善人／悪人の質問から始めたもので、読者はだいぶ面喰《めんく》らわれたのではないかと心配しています。このあたりで親鸞聖人の生涯を語っていただけませんか。**

いえ、最初に「世間の物差し」と「仏の物差し」の違いを語ることができて、かえってありがたかったと思います。たいていの人は、宗教と道徳を混同しています。道徳というものは、世間の物差しにもとづいて、「立派な人間になりなさい」と教えるものです。そしてわたしたちも、われわれは努力すれば立派な人間になれると信じています。

しかし、キリスト教にしてもイスラム教にしても、またユダヤ教だって、完全な存在は神――ゴッド・アッラー・ヤーウェ――だけであって、人間は不完全だと信じています。

昔、『旧約聖書』を読んでいて、なぜダヴィデ王（在位前一〇〇〇ごろ―前九七〇ごろ。イスラエル王国の第二代の王）のような人間がイスラエルの「理想の王」とされるのか、疑問に思いました。だってダヴィデは相当のわるですよ。人妻と浮気をし、その浮気がばれそうになると、軍に命令して軍人である夫を戦死させてしまいます。そのあとダヴィデはその人妻と結婚し、彼女はイスラエル王国第三代の王となるソロモンを産みます。そして神は、このソロモンをえらく祝福されます。わたしは〈どうして……?!〉と思いましたね。

でも、考えてみればすぐに分かることです。なぜかといえば、完全なる存在、聖なる存在はひとり神のみであって、人間は不完全だということを説いているのが『聖書』です。神が祝福されるのは、その人が善人であり、立派な人間であるからではありません。ただひたすら神を信じる心がある／なしによって、神はその人を祝福されたり／疎《うと》まれたりします。それが一神教の考え方です。

仏教には、いろんな考え方があります。一般には出家をして悟りを目指すのが仏教だと思われていますが、〝出家〟というのはホームレスになることです。釈迦世尊は、釈迦国の太子であったのですが、国も父も妻子も捨てて出家したのです。現在の日本の〝僧〟と呼ばれる人たちは、家に住み、妻子を持ち、所得税や市民税を払っています。そんなのは出家者ではありません。現在の日本には、一人の出家者もいないと言ってよいでしょう。したがって、出家をして悟りを目指すのが仏教ではありません。

では、仏教とは何でしょうか？　こんな大上段の問いに答えるのはむずかしいですが、少なくとも法然や親鸞が考えた「仏教」は、

――われわれ人間は不完全な存在（というより悪人）である。その不完全な人間（悪人）を救ってくださるのが阿弥陀如来である――

というものです。そういう不完全な人間を「在家」と呼べばよいでしょう。日本仏教はじつは「在家仏教」です。そのように認識してほしいと思います。

では、日本にいるお坊さんはどうなるのだ？　そう問われそうですが、わたしはお坊さんを〝出家者〟と呼ぶのには反対です。妻子を持ち、所得税を払っている「出家者」なんていませんよ。お坊さんというのは、仏事を専門にしているプロ（プロフェッショナル）だと思えばいいでしょう。それに対して、われわれ在家の信者はアマ（アマチュア）になります。

## 神道の人間観

▼そこのところは分かりました。では、日本の神道はどうなるのですか？　戦前の日本人は『教育勅語』において、「立派な人間になれ！」と教わったような気がするのですが……。

『教育勅語』――正しくは、「教育ニ関スル勅語」といいます――は、明治二十三年（一八九〇）十月三十日に発布されたものです。なるほど、

《爾《ナンジ》臣民父母ニ孝ニ兄弟ニ友ニ夫婦相和シ朋友《ホウユウ》相信シ……》

と、「立派な人」になるようにと言われています。しかし、それは普段のことであって、

《一旦緩急《イッタンカンキュウ》アレハ……》

と、非常事態になればそういう「立派な人」であることをやめて、ただ国家の《忠良ノ臣民》たれと命じているのが『教育勅語』です。

わたしは、『教育勅語』は、天皇を「現人神《あらひとがみ》」「現《あき》つ神《かみ》」とする「国家神道」の教典だと思います。そして「国家神道」は、明治政府があわてて拵《こしら》え上げたニセモノ宗教です。あんなものはホンモノ宗教ではありません。そのことは、

ひろさちや著『やまと教――日本人の民族宗教』（新潮選書、二〇〇八）

ひろさちや著『生活のなかの神道――神さまとの正しい付き合い方』（春秋社、二〇一六）

の中で詳しく述べておきました。

本当の神道の教えは、

――カミだってまちがいをする。したがって、人間がまちがいをするのはあたりまえ――

というものです。神道は多神教です。日本には多数のカミガミ（八百万《やおよろず》の神と呼ばれていま

す）がいます。そのカミガミはまちがいばかりしています。たとえばスサノオノミコトなんか、粗野な性格で乱暴ばかりして、最後には根《ね》の国（地底の他界）に追放されてしまいました。オオクニヌシノカミのように、兄弟からさんざんにいじめられたカミもいます。完全なカミなんて一人もいません。

カミガミにして不完全なんだから、ましてや人間は欠点だらけであり、失敗するのは当然なんです。それがホンモノの宗教である神道の考え方です。どこをどう叩いても、宗教は立派な人間になりなさいとは言っていませんよ。

ともかく、宗教と道徳はまったく違ったものです。宗教は、人間は不完全な存在であり、その不完全な人間を不完全なまま絶対者が救われるのです。立派な人間（完全な人間）になるように努力しなさい——というのは、道徳の教えであって、宗教の教えではないことを、しっかりと覚えておいてください。

## 比叡山にのぼった親鸞

では、親鸞聖人の生涯について話を移します。

しかし、親鸞の生涯については、不明な部分が多いのです。なにせ明治二十年代（一八九〇ごろ）は、親鸞なんて人間はいなかった、あの人は浄土真宗の人々が自己の教義を守るために、想像上でつくり上げた人物だ——といった主張もあったほどです。その後、さまざまな文書が発見されて、現在では親鸞の実在を疑う人は誰もいません。けれども、その生涯については相変わらず謎が多いですね。たとえば親鸞は僧ではありながら結婚したのですが、その妻が一人であったか、二人であったかがよく分かりません。あるいは三人であった可能性もあります。わたしは、かつては親鸞の妻はただ一人であったと考えていましたが、現在は三人説に傾いています。そのことはあとで触れることにします。

ともかく親鸞の生涯は謎だらけですが、それをいちいち問題にしていたのでは親鸞の思想を語ることはできませんので、本書においては、わたしの独断（と偏見）にもとづいて親鸞の生涯を語ることにします。本書は学術書ではないから、そういう態度も許されるでしょう。

さて、親鸞は承安《しょうあん》三年（一一七三）に、京都の宇治の近くの日野の地（現在の伏見区）に生まれたとされています。藤原氏の流れをくむ日野有範《ひのありのり》という公家の子であったというのが通説です。

九歳で出家得度し、比叡山にのぼります。なぜ仏門に入ったのか、理由はよく分かりません。このとき貰った名前は〝範宴《はんねん》〟。われわれは彼を〝親鸞〟と呼んでいますが、〝親鸞〟はずっとのちの僧名です。ほかに〝綽空《しゃくくう》〟といった名前も用いられていたようです。しかし、いちいち名前を変えて呼ぶのも面倒ですから、われわれは基本的に彼を〝親鸞〟と呼ぶことにします。比叡山における親鸞の地位は、それほど高くなかったと推測されます。比叡山においては名門の出身者が偉くなります。親鸞は下級貴族の出身だから、偉くなれなかったのでしょう。しかし、九歳で比叡山にのぼった親鸞は、二十九歳までの二十年間を山で過ごしました。そして二十九歳のとき、山を下りました。

では、親鸞はなぜ下山したのか……？　その動機は不明です。

わたしの憶測を語れば、たぶん彼は比叡山における「仏教」に絶望したのだと思います。仏教とは本来、人々に「人間らしい生き方」を教えるものです。これは「人生の問題」です。ここでちょっと注意しておいてほしいのは、

――「人生の問題」と「生活の問題」――

が違うということです。金持ちになれるかどうか、優等生になれるかどうかは、「生活の問題」です。それは「人生の問題」ではありません。貧乏人だって、劣等生だって、同じく人生を生きています。それをどう生きるかが人生の問題であって、仏教はそれをわたしたちに教えてくれているのです。仏教徒になれば金持ちになれますよ、健康になれますよ、と教えているのはインチキ宗教です。金持ちは金持ちのまま、貧乏人は貧乏なまま、健康な人は健康で、病人は病気のままで、どう人間らしく生きればよいかを教えてくれるのが本当の仏教です。

しかし、比叡山では、そんな「仏教」を教えてくれません。比叡山で教えてくれるのは、むずかしい仏教教学であり、お経の唱え方であり、儀式のやり方ばかりです。

親鸞は、そんな比叡山のあり方に絶望したのだと思います。

そして、山を下りることを決意しました。二十九歳のときです。

## 救世観音の夢告

比叡山を下りた親鸞は、京都の六角堂に百日参籠をします。六角堂は、現在、京都市中京区堂之前町にある頂法寺の通称です。伝説によると、この寺を建立したのは聖徳太子であり、如意輪観音が本尊として祀られています。きっと親鸞は、聖徳太子から下山後の生き方を教わろうとして、百日参籠をしたのでしょう。

その九十五日目の暁、観音菩薩が聖徳太子の姿形をとって親鸞の前に現われました。当時の人々は、聖徳太子を救世《ぐぜ》観音の化身と信じていました。これが、

——救世観音の夢告——

と呼ばれているものです。現代人は夢というものを荒唐無稽と見ますが、古代の人々は夢告の信憑性を疑っていませんでした。

その夢告は、次のようなものでした。

行者宿報設女犯《ぎょうじゃしゅくほうせつにょぼん》　我成玉女身被犯《がじょうぎょくにょしんひぼん》　一生之間能荘厳《いっしょうしけんのうしょうごん》　臨終引導生極楽《りんじゅういんどうしょうごくらく》（『親鸞聖人伝《でん》絵《ね》』）

「仏道修行者が、前世からの因縁によって、もしも女犯（妻帯）の道を行こうとするのであれば、わたし（救世観音）が玉女の身となって妻となろう。そして、一生の間、荘厳し（良き伴侶となって）、臨終に際しては極楽浄土に導いてあげましょう」

わたしは〝行者〟を「仏道修行者」と訳しました。しかし、多くの仏教学者は、この〝行者〟を「そなた」つまり「親鸞自身」と受け取っています。ということは、「親鸞よ、もしもそなたが女犯をしたいのであれば（セックスをしたいのであれば）、わたし（救世観音）がそなたのパートナー（セックスの相手）になってあげる」と解しているわけです。それは、親鸞がよほど性欲の強かった人と見ていることになります。

わたしはそういう見方に反対です。もしも親鸞が性欲に飢えていて、セックスをしたいのであれば、さっさと性欲の捌《は》け口を探していたでしょう。当時は、ほとんどの僧がこっそりと女のもとに通い、女を囲っていました。あるいは男色の僧もいました。「隠すは聖人、せぬは仏」というのが、当時の風潮でした。法然のような清僧は、例外的だと言うべきでしょう。

だから親鸞が性欲に狂っていたとすれば、さっさと女のもとに走ればよいのです。なにも六角堂に百日も参籠する必要はありません。親鸞が六角堂に百日も参籠し、救世観音からの夢告を受けたということは、日本の仏教者として「結婚」をどのように考えればよいかを救世観音＝聖徳太子から教わりたかったからです。そして観音菩薩は、日本の仏教者はインド人や中国人のような生き方はできない。結婚して妻と一緒に歩むがよい。そう決心したなら、わたし(観音菩薩)がその人の妻となってあげる、そう告げられたのです。わたしはそのように解釈しています。

だから親鸞はのちに結婚しますが、その妻を観音菩薩の化身と信じていたのです。

## 日本仏教のあるべき姿

先程引用した『親鸞聖人伝絵』の《行者宿報設女犯　我成玉世身被犯　一生之間能荘厳　臨終引導生極楽》には、次のようなコメント(注記)がついています。

救世《ぐぜ》菩薩、善信にのたまわく、「此《これ》は是我《これわ》が誓願なり。善信この誓願の旨趣を宣説して、一切群生《いっさいぐんじょう》にきかしむべし」と云々。爾時《そのとき》、夢中にありながら、御堂《みどう》の正面にして、東方《とうぼう》をみれば峨々《がが》たる岳山《がくさん》あり、その高山《こうざん》に数千万億の有情群集《うじょうぐんしゅ》せりとみゆ。そのとき告命《ごうみょう》のごとく、此《こ》の文《もん》のこころを、かの山にあつまれる有情に対して、説ききかしめおわるとおぼえて、夢悟《ゆめさめ》おわりぬと云々。

「救世観音が善信に告げられました、「これこそがわたしの誓願である。善信よ、この誓願の趣旨をよく弘めて一切の衆生に聞かせなさい」と。そのとき善信は夢のうちにあって、御堂の正面から東方を見れば、高く険しい山が見えました。その高山に数千万億の衆生が群集していました。そのとき、救世観音のお告げのように、この文のこころをかの山に集まった人々に説き聞かせようと思っているうちに、夢からさめたのです」

〝善信〟というのは親鸞の房号です。たぶん比叡山にあって、当時の親鸞は〝善信房〟の名で呼ばれていたと思われます。

観音菩薩は、日本の仏教者はすべて妻帯して、夫婦で一緒に仏道を歩むべきだ——といった誓願を持っておられたのです。そしてそのことを、日本の衆生に説き聞かせてほしいと親鸞に夢告されています。したがって夢告の中の〝行者〟は、日本の仏教徒のすべてと解すべきです。決して親鸞だけを指すのではありません。

ともあれ親鸞は、観音菩薩からものすごい命令、ある意味ではやっかいな下命を受けました。夫婦でともに仏道を歩むということは、その夫婦にはやがて子どもが生まれますから、親子ぐるみ、家族ぐるみで仏道を歩むのです。そういう歩み方が、日本の仏教者でなければなりません。

したがって、日本の仏教は「出家仏教」であってはならないのです。「出家」というのは、前にも言ったように「家を捨ててホームレスになった人間」「養うべき妻子を捨てて蒸発した人間」を意味します。現在の日本には、そういう「出家」は一人もいませんが、「出家」を敬うのはわたしは小乗仏教だと思います。親鸞が観音菩薩から受けたご下命は、日本仏教のあるべき正しい道を示してくれているでしょう。

で、問題は、それをどうやって実践すればよいか、です。

## 法然に入門した親鸞

そこで親鸞は法然を訪ねて行きました。

法然も比叡山の僧であったのですが、承安五年（一一七五）に専修念仏《せんじゅねんぶつ》（ひたすら阿弥陀仏の名を称《とな》える）に開眼し、比叡山を下りています。このとき法然四十三歳、親鸞はといえばわずか三歳でした。したがって法然は、在野の仏教者の大先輩でした。
この辺の事情を親鸞の妻であった恵信尼《えしんに》が語っていますが、恵信尼の文章はちょっと意味がとりにくいので、その要旨を紹介します。彼が六角堂に参籠する部分から引用しておきます。

親鸞聖人は比叡山を下りて六角堂に百日参籠して後世《ごせ》を祈りました。そして九十五日目の暁、聖徳太子が示現され、偈《げ》を授けられます。そこで聖人はその暁にすぐさま六角堂を出て、後世が助かるという上人に会おうと訪ねて行って、法然上人に面会しました。親鸞聖人は六角堂に百日間参籠したと同様に、それから百日間、雨の日も晴れの日も、どんな大事があっても法然上人の許《もと》を訪ねました。その結果、後世のことは、善人／悪人もまったく同様に生死を離れることができる道のあることを、ただ一筋に説かれる上人の教えを聞いて納得できたのです。それ故、親鸞聖人は、法然上人が行かれるところであれば、人がどう言おうと、たとえそれが悪道に堕ちるところであってもついて行く覚悟である。もしも法然上人に出会っていなければ、自分は世々生々、どこまでも迷い続ける身であったと思っているからである。親鸞聖人はさまざまな折にこのように語っておられました。（『恵

信尼消息』弘長三年（一二六二）二月十日）

〝後世〟というのは、〝現世〟に対する言葉です。わたしたちは、「金儲けをさせてください」「病気が早く治りますように……」「大学に合格させてください」といったように祈りますが、それは現世利益《げんぜりやく》を求めての祈りです。親鸞はそういう現世利益を求めて祈ったのではありません。そこのところを恵信尼は「後世を祈った」と表現したのだと思います。あるいは、わたしが前に述べたように、親鸞は「生活」の安楽を求めたのではなしに、「人生」の生き方を模索していたのだと思われます。

だから彼は、百日にもわたって法然に会いに行ったのです。ここらあたりはわたしの想像になりますが、照る日も雨の日も、二十九歳の男がやって来て、熱心に法然の説法を聴聞しています。一語も聞き逃さじといった態度です。

そのうちに、法然のほうから彼に話しかけてくれるようになりました。

そして親鸞が語ります。比叡山を下りたこと。六角堂に百日参籠したこと。そして観音菩薩の夢告を受けたこと。

「わたしはどうすればよいでしょうか？」

親鸞は法然に尋ねました。

すると法然は、

「わたしにまかせなさい」

と答えました。

親鸞が法然にいっさいをまかせたのは明らかです。恵信尼がそう言っていますし、親鸞自身も、

たとひ法然上人にすかされまひらせて、念仏して地獄におちたりとも、さらに後悔すべからずさふらう。(『歎異抄』第二段)

［よしんば法然上人にだまされて、念仏した結果地獄に堕ちるはめになっても、わたしに後悔はない］
と言い切っているのですから。

## 親鸞の妻

かくて、すべてを法然にまかせた結果、親鸞は、かつては後鳥羽天皇の摂政であった九条兼実《くじょうかねざね》（一一四九―一二〇七）の娘の玉日姫《たまひひめ》と結婚することになりました。ここのところはわたしの独断によるものです。

以前のわたしは、親鸞の妻は恵信尼ただ一人だと思っていました。そのように断定した拙著もあります。それは、本願寺が伝える『親鸞聖人伝絵《でんね》』によるものです。そして多くの学者（とくに東西の本願寺系の学者）が、親鸞の妻は恵信尼ただ一人としています。

けれども、親鸞の伝記には、この『親鸞聖人伝絵』のほかに、

高田専修寺が伝える『親鸞聖人正明伝』、

仏光寺が伝える『親鸞聖人御因縁』、

などがあります。後者の二著は、建仁元年（一二〇一）に親鸞は玉日姫と結婚したとしています。建仁元年は親鸞二十九歳です。江戸時代には、親鸞の妻は玉日姫とされていました。わたしが若いころに読んだ吉川英治（一八九二―一九六二）の『親鸞』にしても、彼を玉日姫と結婚させています。

では、なぜ玉日姫の名が消えたのでしょうか？
それは、玉日姫の名が出てくる『親鸞聖人正明伝』も『親鸞聖人御因縁』も、高田専修寺や仏光寺が、自分の流派こそが親鸞聖人の門流の正統であることを宣伝するためにつくられた文書であって、史料的価値がないとされたからです。でも、そんなことを言えば、『親鸞聖人伝絵』だって、本願寺の正統性を宣伝するためにつくられた文書です。そして本願寺は恵信尼がつくった教団です。だから本願寺は親鸞の妻を恵信尼一人にしたいのです。のちに東西本願寺が日本最大の信者数を誇る教団になったからといって、『親鸞聖人伝絵』を別扱いにする必要はありません。わたしは本願寺に属する人間ではありませんので、『親鸞聖人伝絵』の説を疑っています。

しかし、そうすると、なぜ親鸞は玉日姫という妻がありながら、恵信尼と結婚したかが問題になります。

細々とした論考はしたくないと言いながら、この点は重要なので少し触れておきます。わたしは、平松令三著『親鸞』（吉川弘文館）や松尾剛次著『親鸞再考——僧にあらず、俗にあらず』（日本放送出版協会）の教示によって、当時の法律である『律令』の「獄令《ごくりょう》」第十一条を読んでみました。そこにはこうあります。

《凡《およ》そ流人科断《るにんかだん》すること已《すで》に定まらむ、及び移郷《いごう》の人は、皆妻妾棄放《さいしょうきほう》して配所に至ること得

じ》(『日本思想大系3　律令』岩波書店)

わたしたちは、流罪になれば妻と離別して独りで流刑地に赴かねばならぬと思っています。そうではないのです。親鸞の当時は、流人は妻妾を同伴せねばならぬのです。なぜなら、当時の流人の生活は、国家が面倒を見てくれるのではなく、最初の年は流人には一日に米一升《しょう》(当時の一升は現在の〇・六五升です)と塩一勺《しゃく》が支給されますが、翌年からは自活せねばならないのです。だから配偶者とともに流刑地に赴かねばなりません。

親鸞の場合の流刑地は越後でしたから、彼は玉日姫とともに越後に赴かねばなりません。でも、玉日姫は貴族の娘です。貴族の娘が流刑地に同行できるでしょうか? それは無理ですね。あるいは玉日姫は病弱であったかもしれません。それで玉日姫の父であった九条兼実が、越後から行儀見習いのため京に来ていた恵信尼を親鸞の側室にして、越後に同行させたと考えられます。わたしはそう推測しています。

なお、親鸞が恵信尼を伴って越後に流されたのは建永二年(一二〇七)二月上旬、親鸞三十五歳のときでした。また、玉日姫が亡くなったのは、承元三年(一二〇九)九月十八日とされています。玉日姫の没後は、文句なしに恵信尼が正妻になります。

## 夫の親鸞は観音菩薩

**▼夫の親鸞が、妻を観音菩薩の化身と信じていたことはよく分かりました。では、妻のほうは、夫をどのように見ていたのでしょうか？**

玉日姫は結婚の前に、父や法然から、親鸞が観音菩薩の夢告の故に結婚するのだと聞かされていたでしょう。しかし彼女自身が親鸞を何と見ていたのかは不明です。もちろん尊敬していたことは疑いありません。

のちに正妻となった恵信尼は、夫の親鸞を観音菩薩の化身と信じていました。恵信尼は親鸞の死の報を受け取ったとき――親鸞は京都で死に、恵信尼は晩年は親鸞と別居し越後に住んでいました――、娘の覚信尼に次のような書信を送っています。原文なしで、現代語訳でもって紹介します。

さて、常陸国《ひたちのくに》下妻の坂井郷という所にいたとき（建保三年（一二一五）ごろ）、わたくしは一つの夢を見ました。

それは堂供養の様子でした。東向きにお堂は建てられていて、お堂の前には燭台が立てられ、その燭台の西側のお堂の前に鳥居のようなものがありました。その鳥居の横木に二体の仏の絵像が掛けられていたのです。

そのうち一体の仏はお顔を見ることができず、ただ光だけが真ん中から照らし出されていて、それがちょうど仏の頭光のようでした。お姿・形ははっきり見えず、ただ光ばかりでした。

もう一体の仏は、お顔がよく見えました。殿（夫の親鸞聖人）とそっくりです。そこで、

「この仏はどなたですか？」と尋ねますと、見知らぬ人が、

「あの光ばかりの方は法然上人で、勢至菩薩ですよ」

と教えてくださりました。そこで、「もう一体の仏は？」と尋ねたところ、

「あれは観音菩薩です。善信房（親鸞聖人）ですよ」

という答えでした。あまりにも驚かされたところで目が覚めました。

ですが、このことは誰にも話していません。女がこのようなことを話しても、信じてくれる人はいないと思いましたから、生涯語るまいと思っていました。ただ殿には、法然上人のことだけをお話ししました。すると殿は、

「夢にもいろいろあるが、きっとその夢は正夢だろう。法然上人が勢至菩薩の化身であるという夢を見た人がたくさんいるのだし、勢至菩薩が智慧にすぐれた方で、光そのものであることはまちがいないのだから」

とおっしゃいました。けれども、殿が観音菩薩であることは言っておりません。が、わたくしの心の中では、ずっと殿が観音菩薩であられると信じ続けてきました。（『恵信尼消息』弘長三年（一二六三）二月十日）

妻の恵信尼も、夫の親鸞をしっかりと観音菩薩と信じていたのですね。

ついでに言っておきますと、ウラル山脈のツンドラ地帯に住むネネツ族のあいだでは、こんな伝承があるそうです。オーロラのカーテンをくぐってなおも北に行くと、そこに一本足の人間が住んでいます。彼らは一本足だから、自分独りでは歩けません。しかし男女がペアになって二本足になると、自由自在に歩けるようになります。

一本足の人間は不完全です。その不完全な人間が夫婦になって二本足になる。互いに助け合って生きるのです。完全な人間、つまり二本足の人間が夫婦になると、いわば二人三脚になります。二人三脚ですと、双方がともに、

〈わたし一人のほうがうまく歩ける〉

と思ってしまいます。そうすると二人三脚をやめたくなるのですね。

わたしは、不完全な人間が夫婦になって助け合って生きるというのが、仏教の考え方だと思います。

## 法然教団の危機

話がだいぶ前後してしまいました。六角堂の夢告と、玉日姫との結婚の時点に話を戻します。

**▼すみません。変な質問をしたばかりに……。**

いいえ、いいのです。わたしは親鸞を語ることによって、わたしたちの生き方、現代日本人の生き方を模索したいと思っていますから、あなたの「変な質問」は大歓迎ですよ。

ともあれ親鸞は法然の弟子になりました。親鸞二十九歳のとき、法然六十九歳のときでした。法然が比叡山を下りてから二十六年がたっています。もうそのころは、法然の教団はれっきとしたものになっています。そうすると旧勢力のほうは、法然の教団を無視できません。陰《かげ》に陽《ひ》に圧迫を加えるようになります。

そして元久元年（一二〇四）の冬――この年、法然は七十二歳でした。親鸞と法然は四十歳の差ですから、親鸞の年齢はすぐに計算できますね――比叡山延暦寺の衆徒が、法然の主唱する専修念仏の停止《ちょうじ》を天台座主に訴え出ました。門弟たちのうちに、専修念仏の名をかり、本願にことを寄せて、放逸のわざをなす者が多くいたからです。

それを聞いた法然は、門弟たちを自粛自戒させるために七箇条の制誡を掲げて、それに門弟たちの署名を添えた文書――『七箇条起請文』と呼ばれています――を天台座主に呈しました。これによって比叡山延暦寺からの訴えは、ひとまず平穏におさまりました。なぜおさまったかといえば、法然は比叡山を下りたものの、なおかつ天台宗傘下にある人間と見られていたのです。だから法然が、「責任をもって門下を取り仕切ります」と言えば、天台宗側はそれで納得せざるを得ません。天台宗のほうでは、法然はやはり「身内《みうち》」なんですね。

だが、天台宗はそれでおさまったとしても、他宗はそうはいきません。法然教団のあまりにも急速な教線拡大は、他の宗派からすれば困ったものです。比叡山延暦寺の衆徒が「専修念仏の停止」を天台座主に訴えた翌年の元久二年（一二〇五）、南都の興福寺が奏状をもって「専修念仏禁止」を院（後鳥羽別院の政庁）に訴え出ました。こうなると問題は、天台宗といったプライベートな問題でなくなってしまいます。国家的な問題となったわけです。

この「興福寺奏状」を受け取ったのは、摂政の九条良経《よしつね》です。彼は、法然のパトロンであった九条兼実の次男。兼実はすでに失脚していましたが、その子の良経はやはり「興福寺奏状」に対して煮え切らない態度を取ります。興福寺のほうは、再三にわたって重訴しました。法然教団に危機が迫っています。

## 親鸞が流罪になる

その後の親鸞を語ると言いつつ、話が法然教団に行ってしまいました。しかし、これを言っておかないと、親鸞について語ることができませんので、ご容赦ください。

建永元年（一二〇六）の暮れから翌年正月にかけて、一つの「事件」が起きました。事件といっても、それがよく分からない内容で、その結果親鸞は流罪になったわけです。それについて親鸞は、『教行信証』の最後のところで次のように言っています。

主上臣下、法に背き義に違し、忿《いかり》をなし怨《うらみ》を結ぶ。これに因《よ》りて、真宗興隆の大祖源空法師ならびに門徒数輩、罪科を考へず、みだりがわしく死罪に坐《つみ》す。あるいは僧儀《そうぎ》を改めて姓名《しょうみょう》を賜ふて遠流に処す。予はその一なり。しかればすでに僧にあらず俗にあらず。この故に禿《とく》の字を以て姓《しょう》とす。

［天皇もその家臣たちも、法に背き、正義に違反して、怒りに狂い、私怨を抱いた。そして、真実の仏法を興隆させた法然上人とその門弟たち数人を、罪のある／なしを問うことなく、恣意《しい》的に死罪にした。あるいは僧籍を剝奪して俗名を与え、流罪にした。自分も流罪になった一人である。したがって、自分はいま僧ではないし、かといって俗人でもない。それ故、罪人の象徴である〝禿〟（散切《ざんぎ》り頭）の字をもってわが姓とする］

天皇も下臣たちも狂っている――と親鸞は言います。たしかにその通りです。推測されるところによると、後鳥羽上皇は建永元年の十二月に熊野に行幸しました。その留守中、上皇の寵愛を受けている女房たち二人が、法然の弟子たちが鹿ヶ谷《ししがたに》の草庵で主催する別時念仏に参加し、その場で出家し尼僧になりました。あるいは二人の弟子が彼女たちと密通したという説もあります。

京都に還幸した後鳥羽上皇は、それを知って激怒します。

その結果、翌年の建永二年二月に、

専修念仏の停止――

遵西《じゅんさい》と住蓮《じゅうれん》、および性願《しょうがん》と善綽《ぜんしゃく》の四人が死罪――

法然が土佐国幡多《はた》、親鸞が越後、その他六名、計八名が流罪（実際には六名でした）――といった処分になりました。

一説によると、二人の女房を尼僧にしたのは法然だといいます。それで法然が死罪になりかけたのですが、「いや、尼僧にしたのはわたしです」と名乗り出た弟子がいて、その人たちが死罪になりました。わたしは、あんがいこれが真相ではないかと想像します。

しかし、二人の女房が上皇の許しも得ずに出家したからといって、念仏を停止し、僧侶を死罪にし、また流罪にするなんて、まことに狂気の沙汰です。親鸞が言うように、

――天皇も取り巻き連中も狂っている――

のです。わたしは昔、隠岐の島に講演に行ったとき、土地の人から後鳥羽上皇を祀った神社に案内されました。後鳥羽上皇は承久の乱で鎌倉幕府に敗れ、隠岐に流され、そのまま隠岐で死んでいます。わたしは神社の前で、

「法然上人や親鸞聖人を流罪にした人を祀った神社になんか参拝したくありません」

と回れ右をしました。土地の人は目を丸くしておられましたが、正直なところ、わたしは親鸞聖人に同意します。

## 親鸞は根本主義者

だとすると、親鸞が法然に師事したのは、たったの六年間でした。二十九歳のときに法然の弟子となり、三十五歳のときに法然は四国に、親鸞は越後へ流され、その後、二人は再会することがなかったからです。

しかし親鸞は異色の弟子でした。

まず、彼は結婚しています。今日では、妻子を持った僧はあたりまえですが、当時としてはそんな僧なんていません。こっそりとセックスはしていたかもしれませんが、堂々と結婚した僧なんて、親鸞以外に誰もいなかったと思われます。

それから、思想的に親鸞は原理主義者でした。〝原理主義〟の語が暴力的な破壊主義を連想させるのであれば、言い換えをします。親鸞はファンダメンタリスト（根本主義者）でした。すべてのことについて、基本理念に固執した考えをする人です。

――一念義と多念義――

たとえば、念仏の回数に関して、

があります。たった一回の称名念仏（「南無阿弥陀仏」と称える）だけでよいとするのが一念義で、多くの回数を称えたほうがよいとするのが多念義です。法然は、基本的には「どちらでもよい」といった考え方をしていたと思いますが、強いて言えば理論的には一念義、実践的には多念義であったと思われます。なにせあの人は、日に何万遍のお念仏を称えていたようですから。

それに対して親鸞は、

弥陀《みだ》の誓願《せいがん》不思議《ふしぎ》にたすけられまひらせて往生をばとぐるなりと信じて、念仏まふさんとおもひたつこゝろのおこるとき、すなはち摂取不捨《せつしゆふしや》の利益《りやく》にあづけしめたまふなり。

(『歎異抄』第一段)

「人間には思議することのできない、阿弥陀仏の誓願力にたすけられて、わたしのような凡夫でも必ず阿弥陀仏がおられる極楽浄土に往生させていただけるのだと信じて、「南無阿弥陀仏」のお念仏を称えようと思う心が起きたその瞬間、わたしたちはもれなく阿弥陀仏のお浄土に救いとられているのである」

と言っています。いいですか、「南無阿弥陀仏」と称えようと思った瞬間、もうすでに救われているのですから、理論的にいえばお念仏は称えられないことになります。だから、親鸞は「一念義」というより、原理的には「無念義」になるわけです。

ただし、これは「南無阿弥陀仏」を「阿弥陀仏よ、わたしを救ってください」と解するからそうなるのであって、親鸞にあっては「南無阿弥陀仏」は、

「阿弥陀仏よ、わたしを救ってくださってありがとうございます」

の報恩感謝のお念仏になりますから、数多く称えていっこうに差し支えはありません。

それから、注意しておいてほしいのは、親鸞は六年間法然に師事しましたが、法然と別れてから五十年間を生きています。その五十年間を、親鸞は独りでじっと思索に励んだわけです。ですから親鸞の思想が尖鋭化し、根本主義になるのは当然です。法然が生きているあいだから、親鸞が法然に楯突いたなんて考えないでください。わたしが本書で言っているのは、晩年の親鸞の思想だと思っていただいたほうがよいでしょう。

## 親鸞は法然の優秀な弟子

付け加えておきますが、親鸞は優秀な法然の弟子でした。

じつは、法然の教団である浄土宗の文書には、ほとんど親鸞の名前が出てきません。浄土宗

は親鸞を無視しているかのようです。たぶんこれは、親鸞が流罪になったとき僧籍を剝奪され、そのあと再び受戒して僧に戻った形迹《けいせき》がないからでしょう。再び受戒するには、恵信尼と離婚をして独身にならねばなりません。しかし親鸞は離婚をしていません。ということは、親鸞は僧ではなく、浄土宗からすれば俗人です。俗人の名前を浄土宗が出さないのは、当然といえば当然ですね。

しかしながら、それにしても親鸞は法然の優秀な弟子でした。

彼は、自著の『教行信証』において、次のように記しています。

しかるに愚禿釈《ぐとくしやく》の鸞《らん》、建仁辛酉《かのとのとり》の暦《れき》、雑行《ぞうぎょう》を棄てて本願に帰す。元久乙丑《きのとのうし》の歳、恩恕《おんじょ》を蒙《こうむ》りて選択《せんじやく》を書《しょ》しき。同じき年の初夏中旬第四日に、「選択本願念仏集《せんじやくほんがんねんぶつしゆう》」の内題の字、ならびに「南無阿弥陀仏、往生之業、念仏為本」と「釈綽空《しやくしやくくう》」の字と、空《くう》の真筆を以て、これを書かしめたまひき。同じき日、空《くう》の真影申し預りて、図画したてまつる。(『教行信証』化身土巻)

〝愚禿釈の鸞〟は、親鸞が自分みずからを呼んだ自称です。『教行信証』は親鸞の流罪後の著作。流罪になったとき、彼は僧籍を奪われ、官から〝藤井善信《よしざね》〟の俗名を与えられました。しかし彼は反骨精神でもってその俗名を忌避し、みずから〝愚禿〟を名乗りました。〝禿〟は「はげ頭」ではなく、六七ページの現代語訳のときに注記したように、「罪人に強制された散切り頭」を意味します。親鸞は「馬鹿者の大罪人」を自称したのです。

建仁辛酉は建仁元年（一二〇一）、親鸞二十九歳のときです。この年、彼は法然の門を叩き、自力の行をやめて阿弥陀仏の本願に帰依しました。

それから四年後の元久乙丑（すなわち元久二年（一二〇五））のとき、彼は師から『選択本《せんちやくほん》願念仏集《がんねんぶつしゆう》』の書写を許されました。

この『選択本願念仏集』は法然の主著で、法然の大スポンサーであった九条兼実の依頼によってつくられたものです。法然はこの書の内容の過激さをよく知っていて、これが公けになると無益な紛糾を招きかねないことを畏《おそ》れていました。したがって彼は、門弟のうちでも限られた者にしかその書写を許していません。一説によると、それまでに書写を許された者はわずか五人で、親鸞は六人目の門弟としてその書写を許されたとされています。そうすると、いかに法然が親鸞を高く買っていたかが分かります。

その書写は、四月十四日に完成し、源空（法然の僧名）はこの写本に「選択本願念仏集」といったタイトルと、「南無阿弥陀仏、往生の業、念仏をもって本とす」といった文字、さらに「釈綽空」（〝綽空〟は法然から貰った親鸞の僧名。〝釈〟は釈尊の弟子の意）といった文字も真筆でもって書き添えてくださった。と同時に、この日、親鸞は源空の画像を模写のためにお預かりした。――以上が『教行信証』において親鸞が喜びをもって語っていることです。

これでお分かりのように、親鸞は法然門下の異色の弟子であり、優秀な弟子であり、ビッグな存在でした。

しかし、親鸞はわずか六年、法然に師事しただけで、師から引き離されてしまいました。そして親鸞は、独りになって道を歩まねばならなくなったのです。

それが親鸞の運命でした。

仏教の開祖の釈迦世尊はこう言っています。

《朋友・親友に憐《あわ》れみをかけ、心がほだされると、おのが利を失う。親しみにはこの恐れのあることを観察して、犀の角のようにただ独り歩め》(『スッタニパータ』三七、中村元訳)

これが仏教者の生き方でしょうか。

# 第3章

# 僧にあらず、俗にあらず

## 「非僧非俗」に生きる

親鸞は僧籍を剥奪《はくだつ》されて流罪になりました。古代の律令制の下では、いかなる国家権力といえども、僧籍にある者を死刑にしたり流罪にすることはできなかった。それ故、僧籍を剥奪して、いったん俗人にしてから国家権力はその人を処分します。しかし、鎌倉幕府の成立後は、律令が停止になっていますから、幕府はいきなり僧侶に処分をしています。日蓮（一二二二―八二）は僧のまま流罪になっていますよね。

ともあれ親鸞は、僧籍を剥奪され、罪人として越後に流されました。僧籍を剥奪されると、その人は俗人になります。しかし親鸞は俗人にならなかった。彼が俗人になってしまえば、彼は国家権力の言い成りに動いたことになります。彼は、狂った権力の言い成りになりたくなかったのです。

では、親鸞はどうしたか？

親鸞はこう言っています。この文章は六六ページに引用しましたが、親鸞の国家権力に対するものすごい憤《いきどお》りが感じられる文章なので、もう一度引用します。現代語訳は六七ページを見てください。

主上臣下、法に背き義に違し、忿《いかり》をなし怨《うらみ》を結ぶ。これに因《よ》りて、真宗興隆の大祖源空法師ならびに門徒数輩、罪科を考へず、みだりがわしく死罪に坐《つみ》す。あるいは僧儀《そうぎ》を改めて姓名《しょうみょう》を賜ふて遠流に処す。予はその一なり。しかればすでに僧にあらず俗にあらず。この故に禿《とく》の字を似て姓《しょう》とす。

ここにある、

《僧にあらず俗にあらず（非僧非俗）》

というのが、流罪以後の親鸞の生き方になります。国家権力は俺から僧籍を奪い、俺を俗人にしようとしているが、俺は絶対に俗人にはならないぞ！　そう親鸞はプロテスト（異議申し立て）をしているのです。だから親鸞は、前章の最後（七二―七三ページ）で述べたように、国家が与えた〝藤井善信〟といった俗名を用いず、〝愚禿〟（馬鹿者の大罪人）を名乗ったのです。

それにしても「非僧非俗」はむずかしい生き方です。わたしたちは「僧」になることはできません。「僧」になることは、ホームレスになることです。わたしは若いとき、たった三日でよいから（三日坊主）ホームレスをやってみようと思いましたが、なかなか決心がつきませんでした。そのうちによぼよぼの老人になってしまいました。だからわたしたちは「非僧」です。そうすると、「非僧」であればすぐに「俗人」になってしまいます。「俗人」にならないため――つまり「非俗」に生きるため――にはどうすればいいか？　第1章に論じたように、そのためには「世間の物差し」を捨てて、「仏の物差し」を持たねばなりません。でも、これはなかなかむずかしいことです。いわば剃刀《かみそり》の刃の上を歩むようなものです。ちょっと脚をすべらせると傷つきます。親鸞は、そのむずかしい道を行こうとしたのです。もちろん、親鸞はあれこれ失敗をしています。失敗しながら、彼は剃刀の刃の上を歩んでいます。

流罪以後の親鸞を、そう思って見てください。彼は、あちこち頭をぶつけながら、満身傷だらけになり、血塗《ちまみ》れになりながら、人生を歩んでいます。わたしはそういう角度から親鸞を見てみたいと思っています。どうか期待していてください。

## 賀古の教信沙弥

『改邪鈔《がいじやしょう》』は、親鸞の曽孫である覚如（一二七〇―一三五一）が口述したものです。そこには、親鸞の御持言（日常の言葉）として、

「われはこれ賀古《かこ》の教信沙弥《きょうしんしゃみ》の定なり」

とあります。親鸞は教信沙弥の生き方を理想としていたのです。

教信沙弥（？—八六六）は、興福寺で唯識や因明《いんみょう》（古代インドの倫理学）を学びましたが、のちに寺を出て、播磨国の賀古駅（兵庫県加古川市）に草庵を結び、妻女を娶り、俗服をまとって暮らしました。生計のためには村人の田畠を耕したり、あるいは旅人の荷物を運んで駄賃を貰っています。そして日夜、念仏ばかりを称えていました。

鎌倉末期の仮名法語集である『一言芳談《いちごんほうだん》』は、この教信について次のように言っています。

《賀古教信は、西には垣もせず、極楽と中をあけ、あはせて本尊をも安ぜず。聖教をも持せず。僧にもあらず、俗にもあらぬ形にて、つねに西に向て念仏して、其余《そのよ》は忘たるがごとし、云々》

［賀古の教信は、草庵の西側には垣を設けず、極楽と向かいあわせにして、おまけに本尊も安置していない。経典も持たない。僧でもなく俗人でもない姿で、常に西に向かって念仏して、ほかのことは忘れたかのようであった］

ここにある《僧にもあらず、俗にもあらぬ》という言葉が、まさに親鸞の「非僧非俗」そのものです。親鸞はきっと教信をモデルにして、「非僧非俗」を考えたのだと思われます。

教信が死んだとき、たぶん遺言によるものだと想像されますが、妻子はその葬儀をしていません。その死体を野に置き、犬や鳥が死肉を食うにまかせたと伝えられています。

そして『改邪鈔』によると、親鸞が、

「某《それがし》、閉眼せば、賀茂河にいれて魚にあたふべし」

と遺言したといいます。親鸞がこれを語ったとき、彼の念頭には教信の事例があったと思われます。

もっとも、親鸞のこの遺言は実現されていません。彼の遺体は荼毘《だび》にふされ、のちにその遺骨が改葬され、ご影像とともに廟堂に安置されました。それがのちに寺院化されて本願寺になりました。なにもわたしは本願寺に楯突くわけではありませんが、親鸞の遺言通りにしていれば、あんがいおもしろい日本仏教の展開が見られたかもしれません。親鸞自身にとって、今日の姿の日本仏教がよかったのか、わたしは疑問に思っています。

まあ、ともあれ、親鸞が賀古の教信をモデルに、その生き方に学ぼうとしていたことはまちがいありません。

## 赦免後の親鸞

親鸞が赦免になったのは、建暦元年（一二一一）、彼が三十九歳のときでした。三十五歳から三十九歳まで、足掛け五年を彼は罪人として越後に暮らしました。

普通は、赦免になれば、自由行動が許されるのですから、師の法然の許《もと》に参じると思われます。法然は、親鸞と同じ年に四国に流罪になり、流罪そのものはその年に許されていたが京都に住むことは許されず、摂津（大阪府）に滞在していました。しかし、親鸞と同じく建暦元年にそれも許されて、京都の東山大谷の地に帰りました。だから親鸞は、京都に行けば法然に会えたのです。

だが、親鸞はそうしません。たぶん冬の越後は雪が深く、旅行に困難だったからでしょう。そのうちに翌建暦二年の正月二十五日に、法然上人が入滅されています。

そして、『親鸞聖人正明伝』は、次のように伝えています。

建暦二年壬申仲秋の中ごろ御上京あり。八月二十日あまりに、岡崎中納言範光《のりみつ》朝臣《あそん》に就《つい》て勅免の御礼を申たまいける。御帰京の初には、直《ただち》に源空上人の墳墓に詣でゝ、しばしば師弟芳契の薄《うすき》ことをなげき、参内の後には、月輪禅定の御墓ならびに玉日前の芒冢《ぼうちょ》にまいりたまいて、御誦経と紅涙とこもごもなり。印信《いんしん》も御供なりしが、玉日の御墓にては今更終焉のわかれのこゝちして、哀傷の涙に沈つゝ、其おりふしの事どもまで語出されたり。母公御いたわりのうちにも、亦今限《いまわ》の時に至ても、汝が父は科《とが》なき左遷となりて、北狄《ほくてき》の中に身を損たまうぞ。我身まかりなば、越後へ兎申《ともうし》やれ、北国へ角申《かくもうし》やれ、と仰られしものをと、口説《くどき》つゞけて、泣れければ、聖人も御涙に咽《むせび》たまえり。

〔建暦二年（一二一二）八月の中ごろ、親鸞聖人は上京なされた。八月二十日すぎに岡崎中納言範光朝臣の所に赴いて勅免のお礼を申された。御帰京された最初、すぐに法然上人の墓に詣でて、しばしのあいだ師弟の契りの薄かったことを歎き、参内されたのち月輪禅定《つきわぜんじょう》（九条兼実）の墓ならびに玉日姫の墓に参り、読経し、涙を流された。玉日姫とのあいだの子である印信も一緒に墓参をしたが、玉日姫の墓前で、その印信が母の臨終のときの別れの気持ちを思い出し、哀愁の涙にむせびつつ、そのときのことを語った。「母公《ははぎみ》（玉日姫）はわたしを養育された常日頃、またその最期のときになっても、『そなたの父は科《とが》なくして左遷になり、北狄《ほくてき》（北方の賊）の中でご苦労されています。わたしが死んだあとは、越後にこのように報《し》らせよ、北の国にこのように申しやりなさい』とおっしゃっていました」と、愚痴と知りつつ涙ながらに語れば、父である親鸞聖人もまた涙を流された」
この出来事を、本願寺系の『親鸞聖人伝絵』はまったく無視しています。本願寺側は、玉日尼の存在を否定したいからでしょう。
では、この『親鸞聖人正明伝』の記述は、われわれはどこまで信じてよいのでしょうか？
松尾剛次氏は、
《よく考えてみると、通常は京都から配流されれば、赦免した場合は、朝廷の責任で京都へ送り返すものだ》（『親鸞再考』）
と言っておられますが、わたしはその意見に全面的に賛成です。親鸞は朝廷の責任で、いったん京都に送り返されたのです。ただし、松尾氏は、京都からすぐに関東に赴いたかのように推測しておられますが、それにはわたしは賛成できません。もちろん、そのまま京都に住んだのではありません。親鸞は京都から再び越後に戻ったのだと思います。

## 再び越後に戻る

なぜか？　京都に住むことは、じつは僧になることを意味します。親鸞の生家は崩壊し、その兄弟の全員が出家になったと推測されます。ということは、彼には僧のほかに生計の途がないのです。ところが、僧になるためには、彼はもう一度出家受戒をしなければなりません。そしてそのためには、彼は越後の妻、恵信尼と離婚せねばならないのです。妻帯したまま受戒して僧になることはできないのですから。

恵信尼と離婚して僧となることはできますが、そうすると親鸞はみずから「非僧非俗」の生き方を捨てることになります。観音菩薩の夢告＝命令によって玉日姫・恵信尼と結婚した親鸞に、そんなことができるでしょうか⁈

できませんよね、絶対に。

そこで親鸞は、京都から恵信尼のいる越後に帰ったのです。建暦二年、親鸞四十歳のころと推定されます。

じつをいえば、恵信尼は越後の豪族の三善為教《みよしためのり》（〝為則《ためのり》〟といった表記もあります）の娘です。通説によると、この三善為教は善光寺聖《ぜんこうじひじり》を統括する立場の人間のようです。善光寺聖とは、治承三年（一一七九）に焼失した信濃国の善光寺を復興させるための再建費用を募財するために、全国各地に派遣された勧進聖をいいます。最初は再建のための勧進でしたが、本堂が再建されたのちも勧進聖の活動は続けられ、親鸞のころになると、少数の勧進元が本山である善光寺に名義料を払って、「善光寺勧進聖」となり、その勧進元が大勢の人を雇って各地を行脚させ、善男善女からの寄進を受けてくる、そういう仕組みになっていたようです。善光寺聖に関する研究はあまり進んでいませんが、わたしはそのように想像しています。そして恵信尼の父の三善為教は、この善光寺聖の勧進元であったと思われます。

そして、親鸞は流罪のあいだ、この恵信尼の実家に寄宿して食わせてもらっていました。いわば親鸞は恵信尼の「髪結いの亭主」であったわけです。

で、京都から越後に戻った親鸞は、再び恵信尼の「髪結いの亭主」となったことになります。あんがいこれも、「非僧非俗」の生き方の一つかもしれません。

わたしたちは、親鸞が越後の人々に仏教の教え、他力の教えを説いていたのではないかと期待しますが、それは不可能です。なぜなら、親鸞は罪人です。流罪になった人間です。わたしたちはそれが、冤罪《えんざい》であることを知っていますが、周囲の人々にとっては彼は犯罪人であったのです。人々は彼に近づくことをしなかったでしょうし、赦免になったのちでもその事情はあまり変わらなかったでしょう。親鸞は「髪結いの亭主」として生きるよりほかなかったのです。

## 関東へ向かう

その親鸞が、越後を去って関東に向かった正確な年代は分かりません。建保二年（一二一

四）――赦免の三年後です――に、親鸞一家が、

むさし（武蔵）のくに（国）やらん、かんづけ（上野）のくに（国）やらん、さぬき（佐貫）と申ところ（所）（『恵信尼消息』弘長三年（一二六三）二月十日）

に滞在していたことだけは分かっています。恵信尼は《武蔵《むさし》の国やらん、上野《こうずけ》の国やらん》と書いていますが、佐貫は上野国佐貫で、現在は群馬県邑楽《おうら》郡明和町大佐貫に比定されています。このとき親鸞四十二歳。親鸞一家というのは、妻の恵信尼と、のちに小黒女房と呼ばれることになる娘と息子の信蓮房明信の四人でした。

ともかく親鸞親子四人は、建保二年以前に越後を出て関東に向かいました。行き先は、娘に宛てた恵信尼のこの手紙によると、常陸国《ひたちのくに》のどこかです。いや、目的地があったかどうか不明です。たぶんなかったでしょう。義父の善光寺聖の勧進元であった三善為教の伝《つて》をたどって、しばらくその地に逗留させてもらい、その土地と縁を結べればそこにしばらく落ち着く。縁が切れれば、また旅に出る、そういうものだったと想像されます。

しかしながら、親鸞は「歓迎されざる人物」でした。いまのわたしたちは、どこに行っても親鸞は大歓迎されたと錯覚していますが、当時の人たちにすれば、どこからか「おかしな男」

がやって来て、自分たちの「営業妨害」をするといったふうに受け取られていました。

時間が前後しますが、「板敷山《いたじきやま》の弁円《べんねん》」の伝説があります。親鸞が常陸国稲田（茨城県笠間市稲田）の草庵に住んでいたときのことです。その地の山伏であった弁円が、親鸞を殺そうとしたのです。ご存じのように、山伏は呪術でもって病気の治療をし、安産の祈禱などをして生計をたてていました。ところが、親鸞の説く「教え」は、そのような加持祈禱を否定します。だから弁円は、親鸞に営業妨害されたと感じ、親鸞の殺害を考えました。

彼は、板敷山を通る親鸞を待ち伏せして殺すつもりでした。しかし、何度も何度もすれ違い、最後に弁円は親鸞の草庵に出掛けて行きます。だが、飄然《ひょうぜん》と目の前に立つ親鸞を見て、また少し話して親鸞の人格に圧倒された弁円は、その場で弓矢を折って親鸞の弟子になりました。そういう話が伝わっています。

親鸞の関東への旅はそういうものでした。決して目的地があったわけではありません。

それから、もう一つ注意しておいてください。いずれの土地であっても、そこにはすでにネットワーク（人脈）があります。神社があり寺院があり、人々はその関係性の中で生活しているのです。どこからか風来坊がやって来て、多くの支援者を獲得するといったことは、ほとんどあり得ないことです。親鸞はそういうネットワークの中に入って行かねばならなかったのです。そのことを忘れないでください。

## 経典読誦をやめる

さて、佐貫においてですが、親鸞はこういう体験をしています。先程引用した恵信尼の消息の前後の部分を引用紹介します。

三ぶきやう《（部経）》げに〱《（実実）》しく、千ぶ《（部）》よま《（読）》んと候し事は、しんれんぼう《（信蓮房）》の四のとし《（年）》、むさし《（武蔵）》のくに《（国）》やらん、かんづけ《（上野）》のくに《（国）》やらん、さぬき《（佐貫）》と申ところ《（所）》にてよみ《（読）》はじめ《（初）》て、四五日ばかりありて、思かへし《（返）》てよませ《（読）》給はで、ひたち《（常陸）》へおはしまして候しなり。しんれんぼう《（信蓮房）》はひつじ《（未）》のとし《（年）》三月三日のひ《（日）》にむまれ《（生）》て候しかば、ことし《（今年）》は五十三やらんとおぼえ《（覚）》候。（同前）

［あなたの父の親鸞聖人が浄土三部経を千部読誦《どくじゅ》されようとしたのは、信蓮房明信が四歳のとき、武蔵の国であったか、上野の国であったか、ともかく佐貫という土地でありました。読誦を始めて四、五日して、聖人は考えなおされて読誦をやめ、それから常陸の国へ行かれました。信蓮房は承元五年（一二一一）三月三日に生まれたのですから、今年はもう五十三歳になりますね］

母親の愛情あふれた手紙です。恵信尼は日記をつけていたようですから、記憶のあやふやなところは日記で確かめたのだと思われます。

親鸞は佐貫の地において、「浄土三部経」を千部読もうと始めました。なぜそんなことを始めたのか？　あるいは水害か、それとも反対の旱天《かんてん》があったのかもしれません。飢饉や疫病に苦しんでいる土地の人々の姿を見て、親鸞はいたたまれなくなって、経典読誦を始めたのです。

だが、四、五日にして彼は気がつきました。

〈自分は、阿弥陀仏の救済力だけを信じている人間ではないか?!　阿弥陀如来の救済力だけに頼るという絶対他力を標榜している人間だ。そのわたしが、経典読誦という自力の行をやっている。おかしいではないか?!〉

そこで親鸞は、経典読誦の行を中止しました。それが、恵信尼が消息において書いている内容です。

## 冷たい親鸞の態度

困っている農民たちのために経典読誦をする。それは、ほとんどの宗派がやっていることです。いや、そのために僧侶がいるのです。前にも述べましたが、僧は国家公務員であり、国家の安泰を祈るのが仕事です。民間の宗教者だって、山伏弁円のように、加持祈禱をして生計を立てています。

しかし親鸞は、経典読誦を「自力」の行として、それをやめました。

では、困っている人を見て、われわれはなにもしないでいいのでしょうか？　最近でいえば、大震災などに、ボランティア活動もしないでいいのでしょうか？

これはむずかしい問題です。

親鸞はこう言っています。

慈悲に聖道・浄土のかはりめあり。聖道の慈悲といふは、ものをあはれみ、かなしみ、はぐゝむなり。しかれども、おもふがごとくたすけとぐること、きはめてありがたし。浄土の慈悲といふは、念仏していそぎ仏になりて、大慈大悲心をもて、おもふがごとく衆生を利益するをいふべきなり。今生に、いかにいとをし不便《ふびん》とおもふとも、存知《ぞんじ》のごとくたすけがたければ、この慈悲始終《しじゅう》なし。

しかれば、念仏まふすのみぞ、すえとをりたる大慈悲心にてさふらうべきと云々。（『歎異抄』第四段）

［聖道門と浄土門とでは、慈悲に対する考え方が違っている。

聖道門で慈悲というのは、対象を憐《あわ》れみ、悲しみ、保護してやろうとするものだ。しかしながら、思いのままに他人を助けてあげることは、まずはできそうにない。

そこで浄土門では、慈悲は、お念仏をして自分自身が急いで仏になり、その仏の大慈悲心でもって自由自在に衆生を助けてあげることをいうのだ。

いま、この世にあって、どれだけ他人に同情し、相手を気の毒に思っても、完全な意味で他者を助けてあげることができぬのであって、この世の中でわれわれがする慈悲は所詮中途半端なのだ。

だとすれば、ただただお念仏することだけが、終始一貫した大慈悲である。親鸞聖人はそう言われました］

博打《ばくち》をして大借金をこしらえ、困っている人がいます。どうしたら、その人を救うことができますか？　何千万円もの借金を、あなたは肩替りしてあげられますか？　よしんばそれができても、そのあとすぐにその人がまた借金をすれば、同じく弁済してあげることができますか?

フランスの哲学者のアラン(一八六八―一九五一)は、パリのアンリ四世高校で哲学教授をしていましたが、ときどき、

「ここに橋の上から河に飛び込んで、自殺しようとしている若い女性がいる。あなたはその人に、どのように言って引き止めるか?」

といった試験問題を出したそうです。「あなたはまだ若いのだから……」と言えば、「年寄りは死んでよい」と言ったことになります。「将来にきっといいことがあるから……」と言うのも、あなたは本当にそれを保証できますか?! そう考えると、人に慈悲を施すのは、なかなかむずかしいことです。

そこで親鸞は、凡夫(人間)は人を救うことはできない。凡夫の力でもって人を救おうとしても、それはできない。だから、自分自身が極楽浄土で仏になって、そのあとこの世に戻って来て、その仏の力でもって人を救ってあげるしかない。それが浄土門(浄土仏教、他力の仏教)の考え方だ、という結論に達したのです。

これは、困っている人を見て、じっと黙って傍観することを意味します。

〈そんな態度は冷たい〉とわたしたちは感じますが、ではわたしたちに何ができるのでしょう

か?!　何もできません。やはり親鸞の言う通りです。

わたしは、わが子が苦しんでいるときに、親として、

〈何とかしてやりたい〉

と思うのですが、果たして親が、わが子のために何かをしてやれるでしょうか?!　いくら〈冷たい〉と言われても、ただ傍観しているよりほかないことが多いのです。たとえばわが子が不登校になったとき、親はわが子になんとかして学校に行かせようと思います。その結果、子どもが自殺することだってあります。

ここのところ、このような問題にわれわれ凡夫が正解を出せるはずがないと思います。やはり親鸞に学ぶべきだと、わたしは考えています。

## 冷たい／暖かいは「世間の物差し」

▼ひろさんの言われることはよく分かりました。しかし、親鸞の態度はやはり「冷たい」ですね。そこはなんともならないのですか?

第1章でも述べましたが、冷たい／暖かいというのは「世間の物差し」です。そりゃあ世間の物差しによると、わたしたちは他人に冷たくするより、暖かくしてあげたほうがよいですね。しかし、わたしたちは、他人に暖かく接しようとしても、とことんできません。中途半端になります。それで親鸞は、他人に冷たくしようとしたのではなく、「世間の物差し」を捨てて「仏の物差し」によったのではないでしょうか。その仏の物差しを「冷たい」と見るのは、世間の物差しでもって仏の物差しを批判していることになりませんか。

世間の物差しを使えば、わたしたちは問題解決を考えてしまいます。わたしは貧乏だ↓金持ちになるのが問題解決である。病気になった↓病気が治るのが問題解決である。しかし、そう簡単に問題解決ができますか？　よしんば問題解決ができるにしても、もうしばらくのあいだは貧乏人であり、病人です。その暫時《ざんじ》を貧乏人として、病人として生きねばならないのです。そのあいだを不幸な病人、不幸な貧乏人として生きるより、幸福な病人、幸福な貧乏人として生きたほうがよいのです。わたしはそう考えています。

親鸞が、佐貫の農民たちの窮厄を読経によって救ってあげようとしたのも、彼は問題解決を考えたのです。しかし、問題解決はできるでしょうか?!　よしんば佐貫のごく少数の農民に救助の手を差し伸べられたにしても、日本の全国には困窮する人々が大勢います。その救われない人々は、逆に親鸞を恨むかもしれません。

〈俺らには何もしてくれなかった。彼は俺らを無視した〉

といった理由で。それは逆恨みでしょうが、世の中にはそういうケースが数多くあります。だから親鸞は、すべてを阿弥陀仏におまかせすることにしたのです。「阿弥陀仏よ、おまかせします」という決意表明が、

――「南無阿弥陀仏」――

のお念仏です。しかし、このお念仏は、「おまかせします」の意思表示であって、「ああしてください」「こうしてください」の請求ではありません。おまかせした以上は、どんな結果になっても文句を言ってはいけません。

冷たい／暖かいの評価は、世間の物差しによるものです。そりゃあわたしたちは、普段は世間の物差しによって生きていますよ。でも、それだけだと思わないでください。仏の物差しのあることを知るのが仏教者です。仏教者はいつもいつも仏の物差しを使っているわけではありませんが、ただ仏の物差しのあることだけは知っておいてください。

じつはわたしは、一昨年（二〇一九）二月、脳梗塞をやりました。救急車で病院に運ばれ、二か月近くの入院生活をしました。最初は、

〈病気になるのも仏の配慮によるものだ。きっと病気にもいい面があるに違いない〉

と、あたかもそれが仏教者らしい考えであるかのよう思い、一所懸命、病気のいい面を探そ

うとしました。でも、なかなかいい面なんて見つかりません。そのうちに気がつきました。いい／悪いを考えるのは世間の物差しだということに。

そして、病気になれば、幸福な病人として生きようと決意しました。そして、日頃言っている、

――南無そのまんま・そのまんま――

の言葉に立ち戻り、貧乏であれ病気であれ、人間はそのままの状態でしっかり生きればよいと決心しました。

もっとも、そういう決心をしたものの、相変わらず失敗ばかりしています。

## 親鸞の弟子

さて、親鸞に戻ります。

佐貫において彼は経典読誦を中断し、そしてその地を立ち去ったようです。彼は、越後↓佐貫↓下妻↓稲田へと旅をしました。その途中であちこちに立ち寄ったはずですが、それがどこであったかは不明です。

佐貫を発《た》ってから三年後の建保五年（一二一七）夏、親鸞一家は常陸国笠間郡稲田（茨城県

笠間市稲田）に落ち着いたようです。親鸞四十五歳のときです。

この稲田の地には、義父の三善為教の飛び地があったという説もあります。ある程度の生計が保証された土地のようです。もちろん親鸞は「髪結いの亭主」でありました。

稲田における約二十年間の親鸞について、『親鸞聖人伝絵』は次のように語っています。


聖人越後国より常陸国に越えて、笠間郡稲田郷《かさまのこおりいなだのごう》といふところに隠居し給ふ。幽栖《ゆうせい》を占むといへども道俗跡《どうぞくあと》をたづね、蓬戸《ほうこ》を閉《と》づといへども貴《き》賤衢《せんちまた》に溢《あふ》る。（稲田幽栖段）

いよいよ親鸞は、この稲田の地において布教活動を始めたようです。「布教活動」といっても、後年の日蓮が鎌倉の街頭で大音声をあげて辻説法をした、あのようなものではありません。もっと消極的なもので、「来る者は拒まず、去る者は追わず」といった態度でした。この稲田の地においては、親鸞はかつて流罪になった前科者ではありません。それを知っている人もいたでしょうが、多くの人は彼の前科を知らず、親鸞は元比叡山にいた偉いお坊さんでした。それで親鸞に仏教を教わりに来る人がいます。その人々に親鸞は懇切叮嚀《ていねい》に教え、感激して親鸞の弟子になった者も多数います。「わたしは親鸞の弟子である」と称する人々が、『親鸞聖人門侶交名牒《きょうみょうちょう》』によると、

下野国（栃木県）に真仏以下六名、
常陸国（茨城県）に順信以下十九名、
下総国（千葉県・茨城県）に性信以下四名、
奥羽両国（青森県・秋田県・山形県・宮城県・福島県）には如信以下七名、
武蔵国（東京都・埼玉県・神奈川県）には西念一名、
越後国（新潟県）には覚善一名、
遠江国（静岡県）に専信（専海）一名、
洛中（京都府）に尊蓮以下七名、
所在不明で西願一名、
計四十七名が数えられています。これが親鸞の一生を通じて数えられる弟子です。
もっとも、他の史料にも弟子の名が出てきます。それらを入れると、ざっと七十名ぐらいの弟子がいたことでしょう。

## 親鸞は弟子一人ももたず

このように、親鸞から直接教わった門弟を「面授口訣《めんじゅくけつ》」と呼びます。その面授口訣の弟子の大部分が、それぞれ道場をつくり、みずから道場主となって自分の弟子たちを集めたようです。それを「何々の門徒」と呼びます。親鸞からすれば孫弟子になるわけです。

ただし親鸞は、自分の面授口訣の弟子すら、〝弟子〟とは呼んでいません。『歎異抄』には、

親鸞は弟子一人《いちにん》ももたずさふらう。そのゆへは、わがはからひにて、ひとに念仏をまふさせさふらはゞこそ、弟子にてもさふらはめ、弥陀の御もよほしにあづかて念仏まふしさふらうひとを、わが弟子とまふすこと、きはめたる荒涼《こうりょう》のことなり。（第六段）

［親鸞には一人の弟子だってない。なぜなら、わたしが面倒をみてやってその人にお念仏をさせたのであれば、その人はわたしの弟子であろう。しかし、ただ阿弥陀仏のおはからいによって念仏している人を、わたしの弟子と呼ぶことは、とんでもない思い違いである］

といった親鸞の言葉があります。お念仏は、わたしがお念仏を称えようと思って称えられるものではない。阿弥陀仏が、わたしをしてお念仏を称えさせてくださるのである――。親鸞はそういった考えを持っていました。だから親鸞は、『歎異抄』の中で、

## 如来よりたまはりたる信心

といった言葉を、二度、三度も繰り返しています。すなわち、

――わたしが阿弥陀仏を信じる――

というのではありません。それだと、わたしが審査・判定していることになります。〈こんな阿弥陀仏を信じて、阿弥陀仏におまかせして大丈夫だろうか？　それより、キリスト教の神を信じたほうがよいかもしれない。あるいは、そんな神・仏を信じるより、金銭を信じたほうがよいかもしれない〉

と、あれこれ迷った末に、〈まあ、ためしに阿弥陀仏を信じてみよう〉となります。そんな信心ではない。阿弥陀仏がわたしをして信じさせてくださるのです。それが《如来よりたまはりたる信心》です。

とすれば、すべての人が阿弥陀仏の弟子になります。人間の弟子なんて、一人もいないのです。それが親鸞の考えでした。

## キリスト教の予定説

大事なところなので、もう少し言っておきます。

キリスト教には、

——信ぜよ、さらば救われん——

といった言葉があります。じつをいえば、このままのかたちでは『新約聖書』に出てきませんが、キリスト教の根本的な考え方をよく表した言葉です。

でも、わたしたちがそう聞くと、まるで自動販売機のようなゴッド（神）を考えてしまいます。自動販売機は、われわれがコイン（硬貨）を投入すると、ごとりと缶コーヒーが出てきます。同様に、ゴッドに「信じる」というコインを投入すれば、すぐに「救われる」という缶コーヒーが出てくるかのように思ってしまうのです。

まあ、日本の神道のカミはそうかもしれません。カミにお賽銭を投入すれば、すぐにご利益が与えられる。日本人はそう信じています。そして、もしもご利益が与えられないときは、ほかのカミにお賽銭をあげればいいのです。日本には八百万《やおよろず》のカミガミがいますから、いずれかのカミがご利益をくださると日本人は思っています。はじめから複数のカミガミにお賽銭をあげる人も多いですね。

だが、キリスト教のゴッドはそうではありません。ここのところは説明がむずかしいのですが、ゴッドは、あなたが「信じた」から「救ってくださる」(信じる↓救われる)のではなしに、あなたがゴッドに「救われる」から、あなたはゴッドを「信じられる」(救われる↓信じられる)のです。キリスト教のこの考え方が、なかなか日本人に理解できないのです。

**▼とってもおかしな考え方ですね。まるで、どのくじが当籤《とうせん》するか知っていて、それから宝くじを買うようなものですか……?**

いや、そういう考え方はよくありません。ゴッドは、どの人を救い/どの人を救わないかをあらかじめ決めておられます。それを「予定説」といいます。しかし、そのゴッドの考え方(予定)は、われわれ人間には分からないのです。ただ、救いに予定されている人だけがゴッドを信じられるのです。だからゴッドを信じた人は、もうすでに救いに予定されているとしてまちがいありません。いささか難解かもしれませんが、ここのところをよくよく考えてください。

そうすると、「わたしはゴッドなんて信じない」と無神論を表明する人に対しては、キリス

ト教徒は、心の中で、
〈ああ、残念ですね。あなたはゴッドの救いに予定されていないのですね〉
と思っておけばよいのです。無理に、「あなたはまちがっている」と反駁《はんばく》する必要はありません。

## 阿弥陀仏の救い

ところが、このキリスト教の予定説は、仏教の阿弥陀仏には当て嵌《は》まりません。なぜかといえば、ゴッドは救う人／救わない人を予定しておられますが、阿弥陀仏はすべての人、あらゆる人を救おうとしておられるからです。阿弥陀仏はそうした誓願をたてておられます。

しかしながら、その誓願に気づく人／気づかない人がいます。

なぜ気づかないかといえば、その人は、「世間の物差し」を信じているからです。一所懸命に努力して、善人になろうとしたり、優等生になろうとしています。あるいは金持ちになれば幸福になれると信じて、あくせく、いらいら、がつがつと金持ちになろうと努力しています。

そういう人は、阿弥陀仏の声が聞こえないのです。せっかく阿弥陀仏が、

「わたしにまかせなさい。わたしがそなたを救ってあげる」

と言ってくださっているのに、その声が聞こえず、自分で自分を救おうとして、あくせくしています。

でも、この世の中は火宅です。『法華経』によると、釈迦仏はそのことに気づいて、速やかにこの火宅を脱出されました。にもかかわらず、多くの人は火宅において消火活動をしています。

あるいは、この世の中は底無し沼です。ずぶずぶと沈んでいきます。踠《もが》けば踠くほど、ますます沈下の速度は速まるでしょう。いくら怪力の人でも、自分で自分の髪をつかんで、からだを沼の外に放り出すことはできません。阿弥陀仏におすがりして、阿弥陀仏に救っていただくよりほかないのだ――と気づいた人が救われる人です。

しかも、そのことに気づいた瞬間に、その人は救われています。

七〇ページに引用した親鸞の言葉を、もう一度、左に掲げておきます。現代語訳は同ページを参照してください。

弥陀の誓願不思議にたすけられまひらせて往生をばとぐるなりと信じて、念仏まふさんとおもひたつこゝろのおこるとき、すなはち摂取不捨の利益にあづけしめたまふなり。

これが、仏教の考え方であり、親鸞の考え方です。絶対他力の考え方です。

しかしながら、救われるといっても、その人が金持ちになり、優等生になり、病気が治るわけではありません。そういう現世利益《げんぜりやく》ではなしに、

〈そうだ、この世は火宅なんだ。苦海なんだ。底無し沼なんだ。われわれはこの世にあっては、苦しんで生きるほかないのだ。だからわたしは苦しんで生きる。そして来世は、阿弥陀仏のお浄土に往生させてもらう〉

と、この世の苦しみにしっかりと耐える力をいただくことです。この世の苦しみをなくそうとするのではなしに、苦しみをしっかりと苦しみながら生きる力をいただくこと。わたしは、それが親鸞の言っていることだと思います。

## 親鸞と道場主たち

だいぶ横道に逸《そ》れました。元に戻ります。

親鸞には弟子はいません。でも、親鸞に教えを受けた人はいます。その人たちを親鸞は、

――同朋《どうぼう》・同行《どうぎょう》――

と呼んでいます。彼らはそれぞれに道場をつくり、みずから道場主となって、多くの信者を

集めています。

それらの道場主は、何人ぐらいの信徒を有していたでしょうか？　たぶん数人から数百人ぐらいであったでしょう。笠原一男は、親鸞が関東にいたあいだに、道場主を通じて結んだ念仏者は一万人を超えるとしています（『親鸞と東国農民』山川出版社）。

道場といっても、立派な伽藍《がらん》建築ではありません。親鸞の曽孫である覚如が口述した『改邪鈔』によりますと、親鸞は、

「たゞ道場をばすこし人屋に差別あらせて、小棟をあげてつくるべき」


と指示していたそうです。普通の民家と区別できるぐらいの、少し大きめでいいというのです。道場主によっては、自分の家をそのまま道場にしていたかもしれません。そして本尊には、阿弥陀仏の仏像よりは絵像、絵像よりは名号が使われていたようです。

たいていの道場主は、最初は自分の生業を持っていました。ところが、信者が多くなるにつれて、その信者から献じられる志納金でもって生計をたてる道場主も出てきました。彼らは出家者の生活をするのではなく、親鸞と同じく肉食妻帯の生活を営んでいました。まあ、現代のお坊さんと同じです。そして、彼らが得た志納金の一部が親鸞に献じられました。

それが、関東において形成された親鸞の教団でした。この教団の形態は、今の日本仏教のそれとよく似ています。親鸞のやったことは、九百年後の日本を先取りしたことになります。

でも、注意しておいてください。この形態だと、親鸞の指導権はあまり発揮されません。道場主が自分の道場を自分の権限で運営しているのですから、そこに親鸞が口を挟《はさ》むことはできません。

そうすると、道場主のあいだで、信者の取り合いが起こります。ましてや、のちに親鸞は関東を去って京都に帰ります。そうすると信者の取り合いはますます激しくなるでしょう。

専修念仏のともがらの、わが弟子ひとの弟子といふ相論《そうろん》のさふらうらんこと、もてのほかの子細なり。(『歎異抄』第六段)

[ひたすらお念仏の道を歩んでいる仲間たちのあいだで、あれはわが弟子、これはひとの弟子といった言い争いのあること、これはもってのほかのことだ]

と親鸞は歎《なげ》いています。そしてそのあと、一〇〇ページに引用した、

《親鸞は弟子一人《いちにん》ももたずさふらう》

の言葉に続くのです。みんな阿弥陀仏からいただいた信心ではないか?! 親鸞はそう言っています。しかし、道場主たちには信者の数が自分の道場の経営上の利益につながる問題ですから、いくら親鸞に窘《たしな》められても、言うことを聞けませんよね。わたしは、こんな教団形態にした親鸞に責任があると思います。しかし、親鸞にすれば、どのように布教活動をすべきであったでしょうか？　ほかに方法があったでしょうか？　その意味では、失敗は仕方がなかったかもしれません。

第4章

# 親鸞の他力の思想

## 『教行信証』の執筆

事件の連続性から言えば、関東における出来事ですから、前章をそのまま続けるべきですが、息抜きのために章を変えます。

稲田の草庵において、親鸞は『教行信証』の執筆を始めました。しかし、その年代は詳しくは分かりません。

『教行信証』執筆の動機は、前章の八九ページで紹介した「経典読誦の中止」の体験だと思います。親鸞は佐貫の地において、農民たちを救うために三部経の千部読誦を始めました。建保二年（一二一四）、親鸞四十二歳のときです。

しかし彼は、四、五日して経典読誦を中止しています。前にも述べたことですが、もう一度繰り返しておきます。彼はこう考えたのです。

〈阿弥陀仏は一切衆生をもれなく救わんとする救済意思を持っておられる。そしてそれを実行するための「はからい」（プログラム）を樹《た》てておられる。であれば、今、ここで農民たちが苦しんでいるのも、ひょっとすれば阿弥陀仏の「はからい」かもしれない。他力の信者は、その阿弥陀仏の救済意思のみによって救われようとするものだ。であれば、他力の信者であるわ

たしは、阿弥陀仏の「はからい」に干渉すべきではない。すべてを阿弥陀仏におまかせすべきだ〉

　これが、親鸞の達したひとまずの結論でした。

　そしてその結論を理論づけるために、稲田の草庵に入った親鸞は『教行信証』の執筆を始めました。

　ところで、常陸国（茨城県）といえば、わたしたちは東京の北東にある田舎を考えますが、それは現代の地図を見ての話です。ここのところは松尾剛次著『親鸞再考』を参考にさせていただきましたが、じつは江戸時代の初期に利根川の河道の変更が行われたそうです。それ以前の古利根川は江戸湾に流れ込んでいました。それが河道の変更の結果、河道が東に移され、現在のように銚子に流れるようになったのです。

　また、親鸞のころは、茨城県と千葉県の県境付近一帯には、霞ヶ浦・北浦から印旛《いんば》沼・手賀沼にいたる、香取《かとり》の海と呼ばれる大きな内海があったと考えられています。しかし、利根川の河道の変更によって、その香取の海の様相が一変してしまったのです。親鸞の時代の香取の海を利用した舟による交通形態を考えますと、常陸国の交通の便は今とはずいぶん違っていたはずです。親鸞の時代には、鎌倉幕府のある鎌倉と稲田とは、現在よりもはるかに近かったでしょう。

《鹿島神宮や香取神宮のある常陸国は当時、東国の文化の先進地域であった》

佐藤正英氏はそう言っています（同前）。だとすれば親鸞は稲田の地において、『教行信証』執筆のための文献を借覧《しゃくらん》するのに、それほど困難はなかったと思われます。

## 親鸞の一大転機

『教行信証』の内容に触れる前に、親鸞のもう一つの大きな体験を語っておきます。

それは、寛喜三年（一二三一）の四月四日から十一日にかけての出来事です。親鸞五十九歳。先程、再び触れた佐貫における経典読誦中止事件——あれは親鸞四十二歳のときでした——から十七年もたっています。彼の潜在意識の中で、『教行信証』を執筆しながら、彼はあの事件を考え続けていたのです。

妻の恵信尼が、次のように報告しています。

ぜんしん《(善信)》の御房、くわんき《(寛喜)》三年四月十四日むま《(午)》の時ばかりより、かざ《(風邪)》心ち《(地)》、すこし《(少)》おぼ《(覚)》えて、そのゆふ《(夕)》ざりよりふ《(臥)》して大事におはしますに、こし《(腰)》ひざ《(膝)》をもう《(打)》たせず、てんせい《(甜静)》かんびやう《(看病)》人をもよ《(寄)》せず、たゞ《(只)》おと《(音)》もせずしてふ《(臥)》しておはしませば、御身をさぐ《(探)》ればあたゝ《(暖)》

かなる事火のごとし《如》。かしら《頭》のうた《打》せ給事もなのめ《斜》ならず。さてふし《臥》て四日と申あか《暁》月、「くるし《苦》きに、まはさてあらん」とおほせ《仰》らるれば、「なにごと《何事》ぞ、たわごと《譫言》にや申事か」と申せば、「たわごと《譫言》にてもなし。ふし《臥》て二日と申日より大きよう《経》をよむ《読》事ひま《隙》もなし。たま〳〵め《目》をふさげば、きやう《経》のもんじ《文字》の一時《字》ものこら《残》ず、きらゝかにつぶさ《具》にみゆる《見》也。さてこれこそ心へ《得》ぬ事なれ。念仏の信じん《心》よりほかには、なにごと《何事》か心にかゝるべきと思て、よく〳〵あんじ《案》てみれば、この十七八ねん《年》がそのかみ《上》、げに《実》〳〵しく三ぶきやう《部経》をせんぶ《千部》よみ《読》て、すざうりやく《衆生利益》のためにとてよみ《読》はじめ《初》てありしを、これはなにごと《何事》ぞ、「じしんけう《自信教》人しん《信》、なんちうてんきやうなむ《難中転更難》」とて、身づから《自》信じ人をおしへ《教》て信ぜしむる事、まこと《実》の仏おん《恩》をむくゐ《報》たてまつる《奉》ものと信じながら、みやうがう《名号》のほか《外》には、なにごと《何事》のふそく《不足》にて、かならず《必》きやう《経》をよま《読》んとするや、と思かへし《返》てよま《読》ざりしことの、さればなほ《猶》もすこし《少》のこる《残》ところのありけるや。人のしうしん《執心》じりき《自力》のしん《心》は、よく〳〵しりよ《思慮》あるべしとおもひ《思》なしてのち《後》は、きやう《経》よむ《読》ことはとゞ《止》まりぬ。さてふし《臥》て四日と申あか《暁》月、「まはさてあらん」とは申せ」とおほせ《仰》られて、やがてあせ《汗》たり《垂》てよくならせ給て候し也。(『恵信尼消息』弘長三年（一二六三）二月十日)

親鸞の生涯の一大転機となった出来事なので、長々と引用してしまいました。

それにしても、どうも恵信尼の手紙は読みにくいですね。逐語訳はしないで、解説的に訳しておきます。なお、恵信尼が娘の覚信尼に宛ててこの手紙を書いた弘長三年（一二六三）は、親鸞入滅の翌年です。

［善信の御房（親鸞）は、寛喜三年（一二三一）四月十四日、風邪のために床に臥《ふ》していました。じつは、この四月十四日は恵信尼の記憶違いで、本当は四月四日でした。恵信尼は日記を見て誤りに気づき、次の消息でその誤りを訂正しています。娘に宛てた書簡でも疎かにしない、恵信尼はそういう几帳面な性格の女性でした。

親鸞の病状は相当に重かったようですが、看病人に腰や膝をたたかせることもせず、ただ静かに寝ていました。からだに触れてみると、火のように熱く、頭痛もひどかったようです。さて、病床に臥して四日目の晩――これも恵信尼は、のちに八日目の四月十一日に訂正していますー―、親鸞は、

「苦しきに、まはさてあらん」

と言いました。この言葉については、あとで考えることにします。

そこで恵信尼が訊《き》きました。

「どうされたのですか？　うわごとでも申されたのですか？」

それに対して、親鸞は次のように答えています。
「いいや、うわごとではない。病の床に就いて二日目から、わたしはずっと休みなく『大無量寿経』を読誦していた。眼を閉じるとお経の文字が一字も欠けることなく、まぶしいほど、ありありと見える。さて、これはどうしたことか？　念仏の信心よりほかに、いったい何が心に引っかかっているのだろうか……？　そう思ってよくよく考えてみたら、いまから十七、八年も昔、衆生利益《りやく》のためということで、もっともらしく浄土三部経の千部読誦を始めたことがあった。あのとき自分は、
〈いったいこれは何事か?!　自分は、
――自信教人信《じしんきょうにんしん》、難中転更難《なんちゅうてんきょうなん》（自分が信じ、また人をして信じさせることは、至難であるうちでもさらに至難のことである。善導の『往生礼讃』にある言葉）――
と、専修念仏の教えをみずから信じ、また人にも教えて信じさせることが、真に仏恩に報いることだと信じており、名号を称えるよりほかに何事もないと思いながら、どういう理由があって経典読誦などをしているのか?!〉
と思い直して、経典の読誦を中止した。しかし、それでもまだ経典を読誦しようという気持ちが少し残っていたのだろう。人間の執着の心、自力の心はよくよく考えなければならない。そう考えて、病床にあって経典を読誦することをやめたのだ。そして床に就いて四日目

（実際は八日目）になって、自分は、

『まはさてあらん』

と言ったのだ」

と。そのあと親鸞は、流れるほどの汗をかいて全快しました」

これが恵信尼の消息の内容です。

## 「まはさてあらん」

猛烈なスピードで走っている自動車《くるま》は、ブレーキをかけてもすぐには停まりません。わたしたちの心のうちには、自力の執念があります。何事も自分の力で解決したいのです。自力でもって解決しようとしない人を、

「あいつは他力本願な奴だ」

と、わたしたちは非難します。このような〝他力本願〟の使い方はまったくまちがっていますが、それほどわたしたちは「自力」に執着しているのです。

しかし親鸞は、「本願他力」に目覚めました。「他力本願」といえば、だいたいは自分で努力

せず、人任せにすることを意味します。親鸞はそうではなく、阿弥陀仏の本願にすべてをおまかせする「本願他力」に目覚めたのです。この「本願」とは、阿弥陀仏が仏になられる前の修行中に、

——あらゆる衆生を救ってやりたい。もしも自分が仏になって、その仏にあらゆる衆生を救ってやる力がないのであれば、自分は仏にならない——

と誓われたのです。しかも彼は阿弥陀仏という仏になっておられます。だから阿弥陀仏にはあらゆる衆生を救う力があるのです。そしてその阿弥陀仏の本願にすべてをおまかせするのが他力の信仰です。その他力の信仰を「本願他力」といいます。親鸞は、法然に教わって、本願他力に生きようとしたのです。

にもかかわらず、親鸞には自力の執着心が残っていました。その自力の心が、親鸞をして佐貫において経典読誦をさせたのです。

それが十七、八年後に消え失《う》せたのです。そのとき親鸞は、

「まはさてあらん」

と言っています。この言葉を、いろんな人がいろんな訳し方をしていますが、わたしは簡単に、

「まあ、そういうものだろう」

と訳しておきます。底無し沼から脱出できる見込みのない人間が、脱出しようとして踠《もが》き苦しんでいる。そんなふうに苦しまないで、阿弥陀仏におまかせすればいいのに……。人間はなかなか阿弥陀仏におまかせする気になれないでいる。人間は、まあ、つまるところそういうもんだろう。それが親鸞の呟《つぶや》きでした。

「まあ、そういうものだろう」と訳せば、ちょっと投げ遣《や》りな発言に思えます。だが親鸞は、この言葉を彼の魂の奥底から絞り出したのです。これは、いわば、

――阿弥陀仏に対する人間の全面降伏――

の言葉でした。全面降伏であると同時に、無条件降伏でした。

本願他力とは、そういう全面降伏、無条件降伏を意味します。自分では責任をとらずに、人任せにする、安っぽい他力本願ではありません。そのことに注意しておいてください。

## 『教行信証』とは

では、『教行信証』について語りましょう。

『教行信証』は親鸞の主著であり、一種のライフワークです。全六巻より成り、詳しい書名は、

――『顕浄土真実教行証文類《けんじょうどしんじつきょうぎょうしょうもんるい》』――

です。「西方浄土を顕《あきら》かにするために、真にして実なる教えと修行、証《さと》りに関する経典論釈の文を集めて分類した書」といった意味です。この書名が示しているように、ここでは親鸞自身の思想を述べるよりも、経典・論釈から引用した文に注解を加えることが主になっています。そして、引用文と引用文のあいだのところどころに、親鸞の意見が挿入されています。ちょっと風変わりな書なんです。

しかもその引用文が長すぎるのです。普通であれば二、三行の引用ですむところを、彼は前後にわたって長々と引用しています。したがって、親鸞がその引用によって何を主張したいのか、なかなか分かりません。また引用が重複している部分もあります。『教行信証』が難解だとされるのも、そうした点があるからです。

たぶんこれは、彼の手許に文献資料がなく、わざわざ遠くに借覧に行ったものだから、後日のためを思って前後のところまで引用したのでしょう。それから『教行信証』は他人に読ませるためのものではありません。自分の理論武装のために、彼は『教行信証』をつくったのだと思います。だから彼は、何度も何度も長い長い引用文を読みながら思索にふけったのでしょう。したがって、『教行信証』を読んで、われわれがそこから親鸞の発信しているメッセージを受信しようとしても、それはできません。ちょっと極端にいえば、『教行信証』において彼は何もメッセージを発していないのです。それが、普通の書物と『教行信証』が大きく違っている点です。

この『教行信証』を、いつ・どこで親鸞が書き始め、いつ・どこで完成したのか、研究者の意見は諸説紛々です。いや、完成に関しては、親鸞は死ぬまでこの書に添削を加えていましたから、『教行信証』が「永遠の未完の書」であることに意見の一致があるようです。それでもいちおうの出来上がりということがあったでしょうが、それに関しても学者の意見はまちまちです。

ともかく親鸞は、稲田の草庵においてこの書の執筆を始めました。彼が稲田の草庵に住むようになった、その正確な年月は不明ですが、建保五年（一二一七）、彼が四十五歳のときに『教行信証』の執筆を始めたとしておきましょう、ただし、次に引用する部分は、あの「まはさてあらん」の体験後だと思います。これは『教行信証』の冒頭におかれた「序文」ですが、親鸞はこの書を順を追って執筆したのではありません。順不同に書いています。たぶんこの「序文」の部分は、ほとんど最後のころに親鸞が執筆したものと思われます。

## 阿闍世太子物語

さてその「序文」にはこうあります。ここで親鸞は、ものの見方を根底から引っ繰り返す発言をしています。『教行信証』は、原文は漢文です。訓《よ》み下し文は、『日本思想体系11　親鸞』（岩波書店）によりました。ただしルビは、現代仮名遣いに変えてあります。

竊《ひそ》かにおもんみれば、難思《なんじ》の弘誓《ぐぜい》は難度海《なんどかい》を度《ど》する大船《だいせん》、無碍《むげ》の光明は無明《むみょう》の闇《あん》を破する恵日《えにち》なり。しかれば則《すなわ》ち、浄邦縁熟《じょうほうえんじゅく》して、調達《じょうだち》・闍世《じゃせ》をして、逆害《ぎゃくがい》を興《こう》ぜしむ。浄業機《じょうごうき》彰《あら》はれて、釈迦、韋提《いだい》をして安養《あんよう》を選ばしめたまへり。これ乃《すなわ》ち権化《ごんげ》の仁《にん》、済《ひと》しく苦悩の群萠《ぐんもう》を救済《くさい》し、世雄《せおう》の悲《ひ》、正《まさ》しく逆謗闡提《ぎゃくほうせんだい》を恵《めぐ》まむと欲《おぼ》す。

それにしても、この文章はむずかしいですね。これをこのまま現代語訳しても、大部分の読者には珍紛漢紛《ちんぷんかんぷん》だと思われますので、やめておきます。あとで解説しますが、その前に読者に予備知識を提供しておきます。

まず親鸞は、浄土三部経の一つである『観無量寿経』の物語を伏線にしています。そこでその物語の概略を紹介します。

古代インドの摩掲陀《まかだ》国（マガダ）に頻婆沙羅《びんばしゃら》王（ビンビサーラ）がいました。この王は実在の人物です。彼は英邁《えいまい》な君主で、釈迦に帰依し、熱心な仏教信者になりました。しかし、このあとは、やや伝説化された物語として読んでください。

頻婆沙羅王の妃は韋提希夫人《いだいけぶにん》（ヴァイデーヒー）です。しかし、この夫婦には子宝が恵まれません。その理由を占い師に占わせたところ、いま雪山《せっせん》で修業中の仙人が死ねば、あなたがたの子となって生まれると告げます。だが、夫婦は早くわが子がほしいもので、

〈なにも修業なんてする必要はない。俺たちの子どもに生まれると、贅沢三昧の安楽な生活ができるのだから……〉

という勝手な理窟で、人をやってその仙人を殺させました。現代の親たちも、子どもに贅沢な生活さえ与えておけば、それで子どもは幸福なんだと早合点していませんか。

さて、その仙人は死ぬ直前、

「なぜ俺は殺されねばならないのだ⁈　俺を殺させた奴を、来世は俺が殺してやる」

と宣言しました。

そうして生まれた子どもが阿闍世太子《あじゃせたいし》（アジャータシャトル）です。

ですから、阿闍世太子は父親の頻婆沙羅王を殺すべき宿命にあったのです。

そして阿闍世太子は、仏教教団にいた調達《じょうだつ》（デーヴァダッタ。〝提婆達多《だいばだった》〟の表記もあります）にそそのかされて、いよいよ父親殺しを実行します。わたしは、デーヴァダッタはまじめな僧であったと信じていますが、こういう伝説がつくられ、『観無量寿経』はその伝説にもとづいていますから、そのままにしておきます。ともあれ阿闍世太子は、父親を餓死させるため

に、牢獄に幽閉しました。それで、妻であり母親である韋提希夫人は、王を助けるために密かに牢獄に食べ物を運びます。それを知った息子の阿闍世太子は怒りに狂い、今度は母親までも宮殿の一室に監禁しました。

『観無量寿経』はここから始まります。いま紹介した部分は、誰もが知っているものとして省略したのでしょう。

監禁された韋提希夫人は、愁憂《しゅうう》し憔悴《しょうすい》して釈迦世尊に助けを求めました。すると釈迦世尊が、目連《もくれん》(マウドガルヤーヤナ)と阿難《あなん》(アーナンダ)を従えて、空中より韋提希夫人の前に姿を現わされました。そして釈迦世尊は韋提希に、極楽浄土や阿弥陀仏についていろいろと教えられました。それが『観無量寿経』の内容です。

## 『教行信証』の「序文」

以上を予備知識として、『教行信証』の「序文」を読んでみましょう。

**竊《ひそ》かにおもんみれば**——個人的にあれこれ考えてみますと。〝竊か〟というのは、他人に公けにしないことです。ここで親鸞は、『教行信証』はあくまでも個人的見解であって、公けにするものではないことを言っています。

**難思《なんじ》の弘誓《ぐぜい》は難度海《なんどかい》を度《ど》する大船《だいせん》**――仏教では、われわれは迷いの此岸《しがん》にいて、悟りの世界である彼岸《ひがん》に渡（度）れと命じています。〝度〟と〝渡〟は同じだと思ってください。親鸞は、われわれのいる此岸と仏の彼岸のあいだに、難度海があるとします。とても泳いで渡ることのできない海なんです。「渡れ！」と命じられても、人間には渡れない海。

親鸞の著述には、よく〝海〟が出てきます。彼の生まれ故郷の京都には海がありません。しかし、彼は流罪になった越後の地で海を見ています。また、常陸国には、昔は香取の海がありました。

ついでに言っておきますと、釈迦は生涯、海を見なかったでしょう。釈迦はガンジス河の中流域で活躍したのだから、海から遥かに遠ざかった内陸部しか知らなかったようです。

まあ、それはともかく、われわれの前には泳いで渡ることのできない大海があります。荒海です。難度海です。それをどうして渡りますか？　大船に乗る以外にありません。その大船が阿弥陀仏の誓願――難思の弘誓――です。阿弥陀仏は、われわれいっさいの衆生を救ってやろうと誓願（弘願《ぐがん》）をたてておられます。その誓願の力は、われわれ凡夫にははかりがたい（難思）ものです。その難思の誓願力という大船に乗って、われわれは難度海を渡ることができるのです。

**無碍《むげ》の光明は無明《むみよう》の闇《あん》を破する恵日《えにち》なり**――また、阿弥陀仏には〝無碍光如来《むげこうによらい》〟の別名があります。さまたげのない光（無碍光）を発しておられるのです。わたしたちはその無碍の光明に照らされたとき、無明（迷い）の闇を破ることができます。したがって阿弥陀仏は、智慧の太陽でもあります。

**しかれば則《すなわ》ち**――それ故、ここに。

**浄邦縁熟《じようほうえんじゆく》して**――浄土（浄邦）を人々に教える因縁が熟したものだから。ここで〝熟す〟といった言葉が味わい深いですね。

釈迦はこう言っています。

《いまだ悪の報いが熟さぬあいだは、悪人でも幸福でいられる。しかし、悪の報いが熟したときは、悪人は禍《わざわい》にあう。

いまだ善の報いが熟さぬあいだは、善人でも禍にあうことがある。しかし、善の報いが熟したときには、善人は幸福になる》（『ダンマパダ』一一九・一二〇）

わたしたちは、何か善いことをすれば、すぐにその効果があらわれると思っています。人に親切にすれば、すぐにお礼が返ってくると思っている。反対に、悪いことをすれば、すぐに悪い結果があらわれると思っている。しかし、そうではありません。泥棒をしてもすぐに捕まるとは限りません。善いことをしても、しばらくその結果が出てこないことだってあります。いや、そうした場合のほうが多いですね。けれども、やがてその善行・悪行が熟すると、その結果が明らかになるのです。それが「熟す」といった意味です。

ですから、阿弥陀仏が人々に極楽浄土の存在を教えてやりたいと思っても、なかなかその機会にめぐりあうことがない。たとえば甲子園球場で阪神タイガースが逆転勝ちをして、人々が乱舞しているとき、

「あのね、西方十万億土の彼方に極楽浄土があるんだよ」

と説いても、誰も聞いてくれないでしょう。ひょっとしたら、ぶん殴られる危険性もあります。極楽浄土を説くには、さまざまな因縁が熟さないとだめです。けれども、いよいよその機縁が熟したのです。それが《浄邦縁熟して》です。

**調達《じょうだち》・闍世《じゃせ》をして、逆害《ぎゃくがい》を興《こう》ぜしむ**——調達（デーヴァダッタ）と阿闍世太子（アジャータシャトル）の二人を動かして、父親殺害という忌まわしい事件を起こさせました。

**浄業機《じょうごうき》彰《あら》はれて**——浄土に生まれる機縁が得られたので。

**釈迦、韋提《いだい》をして安養《あんよう》を選ばしめたまへり**——釈迦と韋提希夫人（ヴァイデーヒー）の二人に極楽世界を選ばせられました。〝安養〟というのは、極楽世界の別名です。

**これ乃《すなわ》ち権化《ごんげ》の仁《にん》**——調達や阿闍世太子、釈迦や韋提希夫人の姿をとって出現された阿弥陀仏が。

**済《ひと》しく苦悩の群萠《ぐんもう》を救済《くさい》し**――苦しみ悩む衆生のすべてを救済し。

**世雄《せおう》の悲《ひ》**――阿弥陀仏が慈悲でもって。

**正《まさ》しく逆謗闡提《ぎゃくほうせんだい》を恵《めぐ》まむと欲《おぼ》す**――〝逆〟とは五逆の罪（殺母・殺父・殺阿羅漢・出仏身血・破和合僧）を犯した者。〝謗〟とは仏法を謗《そし》った者。〝闡提〟とは正しくは〝一闡提〟といい、仏になる可能性のない者。普通、仏教では仏の救いにもれているとされる五逆の罪を犯した人、仏法を謗った人、一闡提までをも、阿弥陀仏は救わんとしておられるのです。

ここで親鸞は、阿弥陀仏の慈悲、その慈悲による一切衆生の救済について論じています。

## 人生劇場の理論

大事なところなので、もう一度、以上のところを要約しておきます。

わたし親鸞はこのように考えています。阿弥陀如来の本願は、この渡りがたい大海を越えて、われわれを仏の世界にまで運んでくれる大船であり、またその光明は、わたしたちの迷いの闇を破ってくれるものです。そこで、阿弥陀如来はいよいよ極楽浄土の存在を明らかにすべき因縁が熟したものだから、調達《じょうだつ》（デーヴァダッタ）をそそのかして、阿闍世《あじゃせ》太子《たいし》（アジャータシャトル）に父親殺害という悪逆非道をなさしめられました。そして、釈迦をして韋提希夫人《いだいけぶにん》（ヴァイデーヒー）に極楽浄土を選び取らせ、説き聞かせたのです。これはすなわち、阿弥陀仏が調達や阿闍世太子、韋提希夫人、釈迦といった姿をとって、苦悩する衆生を救済するありさまを示すものであり、阿弥陀仏の慈悲が五逆の罪人や謗法《ほうぼう》の悪人にまで及んでいることを意味します。

これは、びっくりさせられる発言です。阿弥陀仏が極楽浄土の存在を教えるために、わざと阿闍世太子に父親殺しという極悪非道の罪を犯させたと親鸞は見ているのです。だとすれば、阿闍世太子は悪人ではありません。阿弥陀仏に頼まれて、そのような役割を演じているのです。息子の悪逆非道を見ている（見せられている・見なければならぬ）韋提希夫人は悩み苦しみます。そして釈迦世尊に救いを求めました。

そこで釈迦は、韋提希夫人に阿弥陀仏の極楽浄土の存在を教えました。

とすれば、韋提希夫人の苦悩、釈迦の説法は、すべて阿弥陀仏の依頼によるものです。自分が苦しみ、悩んでいるのは、阿弥陀仏の頼みをうけてのことです。

そうすると、この世の中は阿弥陀仏の劇場・舞台ということになります。

シナリオライター（脚本家）は阿弥陀如来です。

そして舞台監督も阿弥陀仏。

わたしたち衆生は、その舞台に登場する役者です。

いい配役もあれば、つまらない配役、人々から嫌われ、蔑《さげす》みをうける役もあります。しかし、わたしたちは自由にそれを選べません。出演者に配役を割り振られるのは阿弥陀仏です。わたしたちは、自分に振られた役割を果たすだけ。

親鸞は、そのような、

――人生劇場――

の理論に到達したのです。わたしはそのように考えます。

## 阿弥陀仏から与えられた配役

しかし、この配役を、世間でいう興行的なものと考えないでください。世間の興行は、主役があり、脇役があり、ちょい役、引き立て役があります。それは、シナリオがそうなっているからです。人間のつくったシナリオだからです。

でも、阿弥陀仏のつくられたシナリオは、どうなっているか、今後どのように展開するか、人間には分かりません。いま現在、損な役割だと思っていたものが、のちには人も羨むすばらしい役割に転ずるかもしれません。もともと阿弥陀仏がキャスティングされるのですから、わたしたちは与えられた役に満足し、それをしっかりと果たすべきでしょう。つまり、「世間の物差し」で考えないで、「仏の物差し」で考えるのです。仏の物差しで考えるということは、考えないことです。いい／悪い、損した／得したと考えずに、自分がいまある状態をしっかりと生きる。そのような生き方をすべきだと、親鸞は言っています。そのように受け取ってください。

そういえば、国際オリンピック競技の創設者である、フランス人のクーベルタン男爵（一八六三—一九三七）に、

《オリンピックの精神は、勝つことではなく参加することである》

といった有名な言葉があります。その英訳を見たとき、〝参加する〟と訳されているのが、〝take part〟になっていました。〝part〟というのは「割り当て」の意味で、場合によっては「配役」の意味になります。だとすれば、これは「参加する」と訳すより、「自分に与えられた役をしっかりと果たすこと」だと受け取るべきでしょう。

わたしは、セントラル・リーグの阪神タイガースの熱狂的なファンです。あのチームは弱くて、毎年下位ばかりをつとめていますが、六位になれば六位の役割をしっかりとつとめる。万

が一、優勝すれば、一位の役割をしっかりとつとめる。それがタイガースのファンのあり方だと思っています。わたしたちの人生において、阿弥陀仏から振られた役割をしっかりとつとめる。それが仏教者の生き方でしょう。

また、浄土三部経の一つの『阿弥陀経』には、

《青色青光《しょうしきしょうこう》。黄色黄光《おうしきおうこう》。赤色赤光《しゃくしきしゃっこう》。白色白光《びゃくしきびゃっこう》》

とあります。阿弥陀仏のおいでになる極楽浄土には大きな池があり、そこに蓮華《れんげ》が咲いています。その蓮華に青・黄・赤・白の品種があって、青い蓮華は青く光り、黄色は黄色く、赤は赤く、白は白く光っているというのです。

〈そんなのあたりまえではないか〉

とあなたは思うでしょうが、これは極楽世界だからそうなるのです。わたしたちの人間世界――仏教では娑婆《しゃば》と呼びます――では、青を「優等生」、黄を「劣等生」とすれば、優等生は光っているが、劣等生は光っていないとなります。黄は黄金で金持ち、赤は赤貧で貧乏人とすれば、金持ちは光っているが、貧乏人はだめだとなるのです。赤が健康、白を病人だとすれば、健康はよくて病気はよくないとなるのです。それが娑婆世界のあたりまえ。しかし極楽浄土では、優等生は優等生のまま、劣等生は劣等生のまま、金持ちは金持ちのまま、貧乏人は貧乏なまま、健康な人は健康なまま、病人は病人のまんまで、ぴかぴか光っているのです。

だからこの娑婆世界において、いかなる配役を与えられても、それを阿弥陀仏より命じられた役割として、一所懸命に演じる。親鸞はそのような「生き方」を考えました。『教行信証』の「序文」はそういう意味だと思います。

## 真の「救い」とは何か?

だが、口では簡単にそう言えても、やはり損な配役、人から蔑まれる役割をつとめねばならぬことは、つらいことですね。

**▼そうなんです。わたしもそこのところを突っ込んで問うてみたいと思っていました。たとえば無辜《むこ》の人が犯罪者とされ、人から糺弾されながら生きるなんて、つらいことではありませんか。どうしたら、その人は救われるでしょうか?**

あなたは、わたしの話をまじめに聞いていたのですか?! 無実の人がどうすれば救われるか? とあなたは問いますが、まさに親鸞その人が無実であったのではないでしょうか?! それから、イエス・キリストが十字架刑に処せられていますが、あの人は罪人だったのでしょうか?!　ユダヤ教徒からすればイエスは有罪でしょうが、キリスト教徒からすれば彼は犯罪者ではありません。古代ギリシアのソクラテス（前四七〇ごろ―前三九九）だって、七十歳のときに死刑の宣告を受け、毒杯を仰いで死んでいます。あなたは「世間の物差し」で考えています。だから彼らは、

〈かわいそうだ〉

となるのでしょうが、彼らに別のかたちの救いが必要だったのでしょうか?!　わたしはそうは思いません。

**▼おかしな質問をして申し訳ありません。**

いいえ、いいですよ。そういう質問によって、話が進展しますから。

本書の最初の最初から論じているように、この娑婆世界は「虚仮《こけ》」なんです。嘘いつわりの世界。親鸞も、

……煩悩具足《ぼんのうぐそく》の凡夫、火宅無常の世界は、よろづのことみなもてそらごとたわごと、まことあることなきに……。（『歎異抄』結文）

「わたしたちは煩悩だらけの凡夫であり、この世界は無常の火宅であって、すべてが嘘いつわり、真実はなに一つない」

と断言しています。そもそもそういう嘘いつわりの世界で「救い」を求めること、そのことがおかしいのではありませんか。真の「救い」は、来世において極楽浄土で与えられるものだ、と、わたしは親鸞に教わってそう信じています。

やや脱線することになりますが、ここでわたしは、ロシアの作家のゴーリキイ（一八六八―一九三六）の不朽の名作『どん底』にある言葉を思い出します。巡礼者のルカが、病気で死んでいくアンナにこんなふうに語っています。

《アンナ　お爺さん！　何か話しておくれよ、あたし苦しくてたまらないから……

**ルカ**　なあに、そんなこたなんでもないよ！　死ぬ前にはお前さん、みんなそういう風になるのだよ。大丈夫、なんでもありゃしないよ！　安心してなさるがいい……つまりお前さんは、もうじき死ぬんで、死ねば楽になれるってわけだよ……もうなんにも心配することはありゃしない――大丈夫、大丈夫！　静かに、落ちついて……寝てなさるがいい！　死はすべてのものを休ませてくれる……死はわしらにとって優しいものだ……死ねば――休めるということを言うが……あれはほんとだよ、お前さん！　なにしろこの世じゃどこへ行ったって、人間の休めるところはないんだからねぇ。

アンナ　でも、もしあの世にも――やっぱり苦しみがあるんじゃないの？

ルカ　なんにもありゃしないよ。なんにも！　お前さん――信じなさるがいい！　ただ休息があるだけで――ほかにはなんにもありゃしない！　……》（中村白葉訳、岩波文庫）

わたしは、ここでルカが語っている〝死〟という言葉を〝極楽世界〟に置き換えるなら、まるで親鸞聖人が語っておられる言葉を聞くような気がします。この娑婆世界において、わたしたちは苦しむだけ苦しめばいいのです。そして極楽世界に往《い》ってゆっくりと休む。それが真の「救い」だと思います。

## 阿弥陀仏と極楽世界

父の五十回忌のとき、わたしは母をからかったことがあります。そのとき、わたしは六十歳、母は八十歳でした。

「お母ちゃん、お母ちゃんはもうすぐお浄土に往くやろ。そしてお浄土でお父ちゃんに会う。ほんならお父ちゃんは、

『わし、こんな婆さんは知らんで……』

と言うで。覚悟しときや」

墓前で、わたしは母に言いました。母はちょっと淋しそうに笑っていました。

三十歳で夫と別れた母が、八十の老婆になってお浄土に往きます。父が妻を識別できないのも無理ありません。

でも、わたしはのちに母に謝罪しました。

「ごめんな、お母ちゃん。あんなふうにからかったけど、極楽浄土は無時間の世界やで。時間なんてないんや。そやから、老婆になんかなれへんから、安心してお浄土に往きや……」

お浄土は無時間——とわたしは説明しましたが、むしろ超時間といったほうがよいかもしれません。そこは時間を超越した世界であり、ある意味では姿・形を超越しています。

そのことについて、親鸞は次のように言っています。


法身はいろもなし、かたちもましまさず。しかればこゝろもおよばれずことばもたへたり。この一如よりかたちをあらわして、方便法身とまふす御すがたをしめして、法蔵比丘《ほうぞうびく》となのりたまひて、不可思議の大誓願をおこしてあらわれたまふ御かたちおば、世親菩薩は尽十方無导《むげ》光如来となづけてたてまつりたまへり。この如来を報身とまふす、誓願の業因にむくひたまへるゆへに報身如来とまふすなり。(『唯信鈔文意』)

「法身仏《ほっしんぶつ》には色も形もありません。だからわれわれはそれを考えることもできず、言語でもって表現することもできません。この一如(真理そのもの)が具象化されて、方便としてのお姿を示現され、法蔵菩薩といった名前でもって不可思議なる大誓願を起こし、その結果として仏となられたお姿を、インドの世親《せしん》菩薩(ヴァスバンドゥの漢訳名。四、五世紀ごろの人)は〝尽十方無碍光如来《じんじっぽうむげこう》〟(阿弥陀仏の別名)と名づけられました。この仏を報身仏《ほうじんぶつ》といいます。誓願にもとづき修行した報いによっているからそう申し上げるのです」

こうして親鸞の言葉を引用したものの、これはちょっとむずかしいですね。要するに親鸞の言いたいことは、阿弥陀仏には姿・形がないということです。その姿・形のない絶対真理——親鸞によると、それは「救済意思」と呼ぶべきものでしょう——が、わざわざ時間・空間の上に姿を現わしたのが、われわれのよく知っている阿弥陀仏です。仏教の術語でいえば、

姿・形のない阿弥陀仏が……法身仏、

姿・形をもった阿弥陀仏が……報身仏、

になります。まあ、そんなむずかしいことはどうでもいいので、本当は阿弥陀仏とは、

――いっさいの衆生を救ってやろうとする救済意思そのもので、時間と空間を超越した存在、つまり姿・形のない存在――

だということさえ分かっていただければよいのです。

同様に、その阿弥陀仏が建立された極楽浄土だって、時間と空間を超越した仏国土である。しかし、それじゃあわれわれには考えることができないから、凡夫のために具象的に、

《是《こ》れより西方、十万億の仏土を過ぎて、世界有《あ》り。名づけて極楽と曰《い》う。其《そ》の土《ど》に仏《ぶつ》有りて、阿弥陀と号《ごう》す。今《いま》、現《げん》に在《あ》りて法を説きたもう。舎利弗《しゃりほつ》よ、彼《か》の土を何が故に名づけて極楽と為《な》すや。其の国の衆生、衆《もろもろ》の苦有ること無《な》く、但《ただ》、諸《もろもろ》の楽しみを受く。故に極楽と名づく。

又《また》、舎利弗よ、極楽国土には、七重《しちじゅう》の欄楯《らんじゅん》、七重の羅網《らもう》、七重の行樹《ごうじゅ》あり。皆、是れ四宝《しほう》をもって、周帀囲繞《しゅうそういにょう》す。是の故に彼の国を極楽と曰う。

又、舎利弗よ、……》(『阿弥陀経』)

［ここから西に向かって十万億の仏国土を過ぎたところに世界があり、〝極楽〟と名づけられている。その極楽世界に仏がおいでになり、〝阿弥陀仏〟という名である。そしていま現においでになって、教えを説いておられる。

舎利弗よ、では、なぜその世界を名づけて〝極楽〟というのであろうか？　それは、その国の衆生がいかなる苦しみも受けることなく、ただもろもろの楽しみを受けるだけだ。それ故、

〝極楽〟と名づけるのだ。
また、舎利弗よ、極楽国土には七重の石柵《いしさく》があり、七重の宝珠《ほうじゅ》で飾られた網があり、七重の並木がある。それらはすべて金・銀・青玉・水晶の四宝で出来ており、周囲を取り囲んでいる。それ故にその国を〝極楽〟というのだ。
また、舎利弗よ、……」(『阿弥陀経』の現代語訳は、ひろさちや『阿弥陀経――現代語訳とその読み方』(中央公論新社)によりました)
と説いているのです。現代人はこれを漫画的に受け取るかもしれませんが、それは、阿弥陀仏と極楽世界が時間と空間を超えた存在ということが分かっていないからです。
わたし自身は、親鸞に教わって、
阿弥陀仏は……いっさいの衆生を救わんとする救済意思そのもの、
極楽世界は……光だけの世界。したがってそこに往生したわたしたちは、光そのものになる、
と信じています。

## お浄土へのお土産

わたしの母は、九十六歳でお浄土に往きました。

その半年ほど前、母とこんな話をしました。

「お母ちゃん、お母ちゃんはもうすぐお浄土に往くやろ……」

「そうやなぁ、もうすぐやな……」

お浄土は無時間の世界です。それは「無限」といってもよい。その無時間・無限の時間からすれば、有限の娑婆世界での生存は、まさに「あっ」という間《ま》なんです。だからわたしは、いつも「もうすぐお浄土に往く」と考えていますし、そのことを母にも教えていました。

「そんでなあ、お母ちゃん。お浄土に持って行くお土産《みやげ》をちゃんと準備してあるか……？」

「えっ?!　お浄土に往くのにお土産なんか要《い》るんか？」

「あたりまえやろ。余所《よそ》の家に往くのに、お土産は要るやろ」

「ふーん。そんなら何を持って行ったらええんや？」

お土産は、物質的なものではだめです。いくら高価なダイヤモンドだって、棺桶の中では灰になるし、もちろん現金だってだめです。

笑い話があります。ある人が天国に三億円をお土産に持って行こうと思って、生前に、カトリックの神父、プロテスタントの牧師、ユダヤ教のラビに、それぞれ一億円ずつを預けました。その男が死んだとき、神父と牧師は約束通り一億円ずつを棺桶に入れます。するとユダヤ教のラビは、その二億円を取り出して、

「じゃあ、まとめて三億円にしましょう」

と言って、三億円の小切手を棺桶に入れたというのです。

閑話休題。では、お浄土に何をお土産に持って行けばよいでしょうか？　わたしは母に教えました。それは、

――苦労話――

である、と。お浄土は光だけの世界です。いくら光があっても、影がなければ物は見えないのです。みなさんは、次ページのA図の中に三角形が見えますか？　見えないでしょう。しかし、B図には三角形が見えます。B図に三角形が描かれているわけではありませんが、三つの黒い影が三角形をつくっています。黒い影が娑婆世界における苦労です。影があってこそ物が見えるのです。お浄土は光ばかりの世界だから、逆に物が見えない。

そこで、娑婆で苦労した体験をお土産話にして、浄土にいる人たちに話して聞かせるのです。

「そやけど、お母ちゃん、安心しいや。お母ちゃんはいっぱい苦労したやろ。お父ちゃんが戦争で死んで、ぼくら四人の子どもとお姑さんまでかかえ込んで、あの戦後の混乱期を生きてきた。その苦労話が、お浄土へのお土産になるんやから、心配せんでええよ」

「ありがとう」

母はそう言ってくれました。そのような話をしておいてよかった、とわたしは思っています。

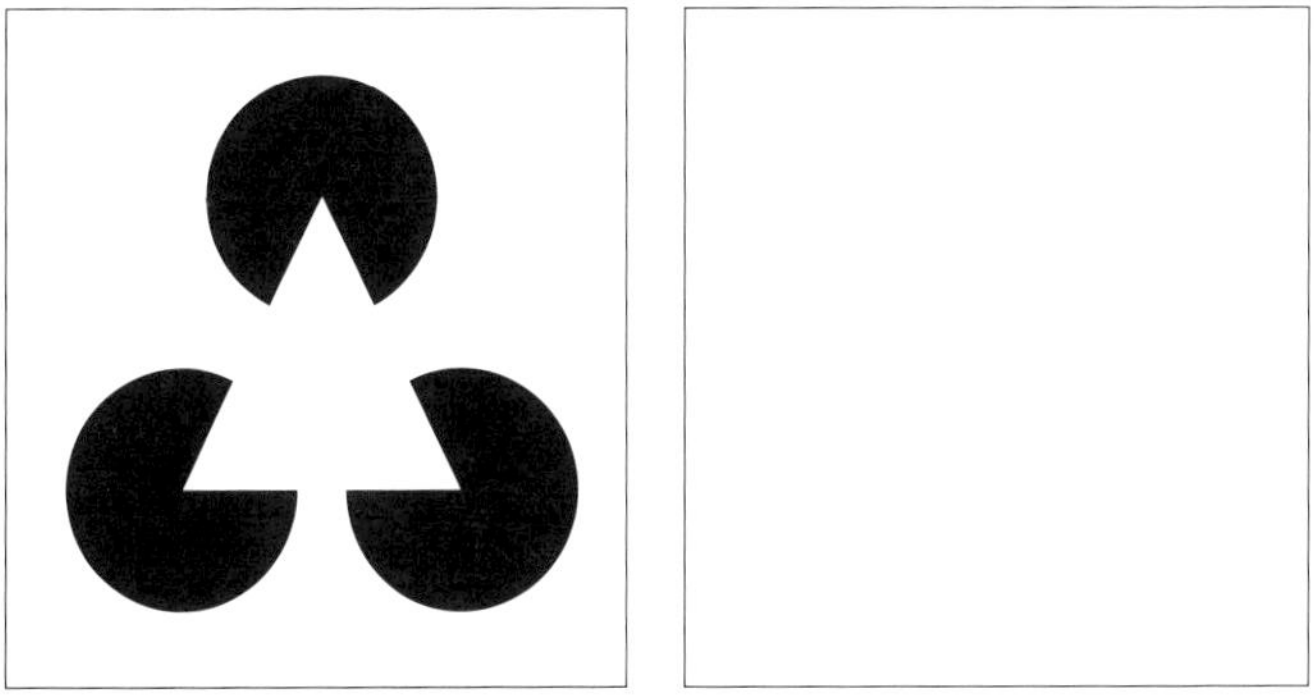

A　B

きっと母はお浄土で、大勢の人々に苦労話を話して聞かせていると思います。その光景が目に浮かんできます。

## 絶対他力の思想

親鸞を離れて、脱線話に没頭してしまいました。しかし、それもこれも、すべて親鸞に教わったことです。阿弥陀仏は、われわれあらゆる衆生を救ってやろうとする「救済意思」そのものであり、だからわれわれはその阿弥陀仏にすべてをおまかせしたとき、救われるのです。親鸞はそう主張します。

ただし、「救われる」といっても、状態の変更ではありません。わたしはいま病気の状態にいます。その病気の状態が変更されて健康の状態になる。貧乏の状態にある人が、金持ちの状態に変わる。そのような状態の変更をわれわれは「救い」と捉えていますが、そうではありません。それは「生活」の問題であって、親鸞が考えたのは「人生」の問題です。われわれは底無し沼にいて、ずぶずぶと沈んで行くのを遅らせることが「救い」ではありません。沈むスピードは問題ではなく――どうせ誰だって、いつかは呼吸ができなくなるのですから――、〈わたしは沈むよりほかないのだ！　苦しむ以外に方法はない！〉とあきらめ（明らめ）きったとき、そこに「救い」がある。親鸞はそう考えました。

そして、そう明らめることができたとき、わたしたちはすべてを阿弥陀仏におまかせすることができます。いや、これは逆かもしれません。わたしたちがすべてを阿弥陀仏におまかせする気になったとき、わたしたちはこの世で苦しんで生きるよりほかないと明らめることができるのです。

親鸞はそのような考えに達することができました。

それは、寛喜三年（一二三一）、親鸞五十九歳のときです。

そのとき、彼は《まはさてあらん》と呟いています。

すべての人間が阿弥陀仏の操り人形です。とすれば、わたしたちが阿弥陀仏におまかせする「俺は阿弥陀仏にまかせてやるのだ」と言うことは、まるで操り人形が人形遣いを動かしている気になっているようなものです。そうではなくて、わたしたちは阿弥陀仏の意のままに動かされているのです。親鸞はそのことに気づいたのです。

その気づきに、親鸞の仏教——それを「絶対他力」の仏教と呼べばよいでしょう——のすべてがあります。わたしは、そのように「親鸞」を読みました。

# 第5章

# 京に帰った親鸞

## 浄土真宗とは何か？

**▼だとすると、親鸞はものすごい哲学者・思想家・仏教者なんですね。**

そうです、その通りです。辞書・事典などには、親鸞を、

——浄土真宗の開祖——

と解説していますが、わたしは、親鸞を一宗一派の枠内で捉えるのはよくないと思います。彼は、「仏教」というものを根本から捉え直した仏教全体の大思想家であり、世界の大思想家です。わたしはそう思っています。

なお、〝浄土真宗〟といった宗名ですが、じつは親鸞自身がこの語を用いています。親鸞が晩年につくった和讃には、

智慧光《ちえこう》のちからより
本師《ほんじ》源空あらわれて

浄土真宗をひらきつつ
選択《せんじやく》本願のべたまう（『高僧和讃』）

浄土真宗に帰すれども
真実の心《しん》はありがたし
虚仮《こけ》不実のわが身にて
清浄《しようじよう》の心もさらになし（『正像末和讃』）

とあります。

最初の和讃によると、浄土真宗はそもそも法然上人が開かれた教えです。法然は「智慧第一の法然房」と周囲の人々から呼ばれていたように、まさに智慧そのものの人です。その智慧の光が具象的にこの世に法然という人物となって出現し、浄土真宗を開いて、阿弥陀仏が二百十億といった厖大《ぼうだい》な諸仏の仏国土のうちから極楽浄土を選択された、と言っています。なお、〝選択〟といった言葉は、浄土宗では〝せんちゃく〟とよみ、浄土真宗では〝せんじゃく〟とよみます。

後者の和讃は、わたし親鸞は法然によって教えられた浄土真宗に帰依したが、真実の心はなく、わが身は嘘いつわり、清浄の心なんてこれぽっちもない、と嘆いているのです。

これでお分かりのように、親鸞は〝浄土真宗〟を「浄土を説いた真実の教え」、したがって「法然の教え」の意に用いています。現在の宗派の意ではありません。

では、親鸞の教えに立脚した宗派の名前はどうなるか？　最初のころは、この宗派は世間一般には〝一向宗〟と呼ばれていました。本願寺派はこの宗名を嫌い、江戸時代に〝浄土真宗〟の名を自己の宗派の公称とすることを幕府に願い出ましたが、浄土宗の反対で認められず、ようやく明治五年（一八七二）になって〝浄土真宗〟の宗名が許可されたのです。

とすれば、親鸞を浄土真宗の開祖とするのは、親鸞自身にとっては迷惑かもしれません。なにせ浄土真宗を開いたのは、親鸞によれば、師の法然上人であったのですから。

## 念仏為本と信心為本

さて、親鸞は絶対他力に目覚めました。なにもかもを阿弥陀仏におまかせする「生き方」です。

その点では、師の法然と、親鸞の考え方には少しの違いがあります。法然の考え方は、

――念仏為本《ねんぶついほん》――

です。お念仏さえ称えられれば、それでよいとする考え方です。だから法然は、一日に何千回、何万回の念仏を称えています。

それに対して、親鸞は、

——信心為本《しんじんいほん》——

を説きます。阿弥陀仏を信じる心さえあればいいのです。しかもその信心は、前にも述べてあるように、

《如来よりたまはりたる信心》(『歎異抄』)

です。人間が阿弥陀仏を信じるのではなく、阿弥陀仏が人間をして信じさせてくださるのです。その意味では、人間には念仏を称えられません。

念仏は行者のために非行・非善なり。わがはからひにて行ずるにあらざれば非行といふ、わがはからひにてつくる善にもあらざれば非善といふ。ひとへに他力にして自力をはなれたるゆへに、行者のためには非行・非善なりと云々。(『歎異抄』第八段)

[念仏者にとって、念仏は行でもなければ善でもない。

自分の意思でもって称えるものではないから、行ではないという。自分の意思でもってやる善ではないから、善ではないという。ただ仏の力によって称えさせていただくもので、自分の力がそこに加わっていないから、念仏者にとって念仏は、行ではなく善ではないのだ。

そう親鸞聖人は語られた」

わたしたちは、自分が念仏を称えているようでいて、実際はそれは阿弥陀仏が称えさせてくださっているものですから、わたしの行為ではないのです。念仏を称えて、何かいいことをしている気になるかもしれませんが、それは阿弥陀仏がわたしの口を動かしておられるだけで、いいこととは言えないのです。これが親鸞の絶対他力の考え方です。

そうすると、「念仏為本」と言われた師の法然に、まるで親鸞が楯突いているかのように思われますが、親鸞は法然の没後、五十年間を孤独に生きていました。だから親鸞が師と少し違った考え方に到達するのは当然です。思想の発展とはそういうものです。師とまったく同じ思想を説くのはエピゴーネン（模倣者）であって、思想家ではありません。親鸞が法然と少し違っているからといって、あまり目くじらを立てないでください。

## 京都に戻りたい……

かくて、自分は阿弥陀仏の繰り人形にすぎない――それが絶対他力の思想です――と自覚した親鸞は、そこで「生き方」を変えます。変えようと思い立ったのです。

それまでの親鸞は、「非僧非俗」に生きてきました。国家権力によって僧籍を剝奪された親鸞は、その意味では俗人です。だが、従順な俗人になったのでは、権力の思うがままです。国家権力に対する反発（プロテスト）の意味をこめて、

〈俺は「俗人」になるものか〉

と、親鸞は「非俗」の道を生きてきました。

そして赦免になったとき、彼には僧になる道もありました。恵信尼と離婚して、再び受戒して僧に戻ることも可能でした。でも、その道も親鸞は拒否しました。僧になる道は、観音菩薩の命令（夢告）に反します。

〈俺は「僧」になるものか！〉

と、彼は歯を食い縛って「非僧」の道を選びました。

「非僧非俗」と簡単に言いますが、それはしんどい生き方です。前にも言いましたが、まるで

剃刀《かみそり》の刃の上を歩むようなものです。ちょっと油断すればおちぶれた俗人になり、その反対に清廉潔白な出家者の生活をしてしまいます。

しかし、彼は思ったのです。

〈もういいだろう。そもそも人間は阿弥陀如来の操り人形なんだから、意地を張らずにごく自然に生きればよい〉

意地を張って「非僧非俗」に生きる必要はありません。それは、阿弥陀仏に対抗して、自己の意思を通して生きることです。阿弥陀如来に楯突いていることになります。だから彼は、〈もういいだろう……〉と思ったのです。それが「まはさてあらん」の言葉だと考えることができます。

では、今後、どのような「生き方」をするか？　親鸞はいろいろ考えただろうと推測されます。迷いました。

第一に彼の頭に浮かんだことは、

〈京都に戻ろう〉

ということだったでしょう。

動物には帰巣性があります。自分の生まれた場所に帰って来る性質です。人間にもそれがあるのでしょうか。親鸞の生まれ故郷は京都です。だから彼は京都に戻りたいと思ったのです。

もっとも、人間には故郷に対する反感もあります。それは、故郷で他人にいじめられた体験がある場合です。しかし親鸞を故郷から追い出したのは、国家権力です。親鸞に国家権力に対する反発はあっても、故郷に対する憎しみはなかったでしょう。

親鸞にとって、関東の地はなんとなく馴染めぬ土地です。都人《みやこびと》にとっては、ちょっと荒々しく感じたでしょう。しかも鎌倉時代は、関東は武士が支配する土地でした。親鸞が京都に戻りたいと思ったのは、ごく自然な感情であったと考えられます。

## 京都への移住

けれども、そう簡単に引っ越しはできませんよ。

まずは生計の問題です。

ここでちょっと親鸞の家族について考えてみましょう。

親鸞には七人の子どもがありました。あるいはもう一人いた可能性もあります。次ページの系図を見ていただくと分かりますが、二人は玉日姫とのあいだに京都で生まれた子。五人が関東で恵信尼とのあいだに生まれた子です。異説もありますが、本書は学術書ではないので、わたしはわたしの説を紹介させていただきます。

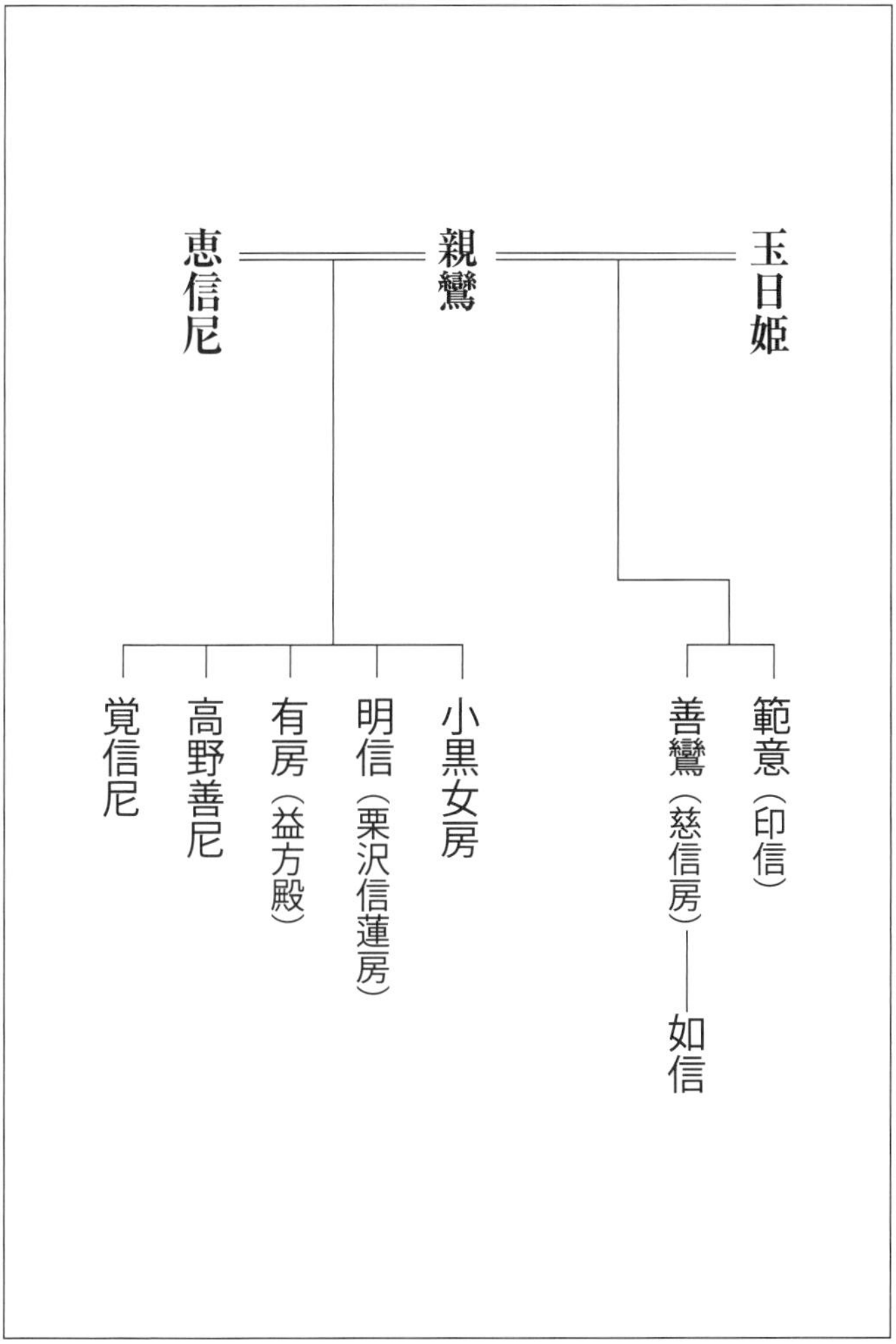
玉日姫
親鸞
恵信尼
範意（印信）
善鸞（慈信房）
如信
小黒女房
明信（栗沢信蓮房）
有房（益方殿）
高野善尼
覚信尼

玉日姫とのあいだに生まれた二人は、玉日姫の没後も、京都で九条兼実の家で育ったと思われます。そのうち範意（印信）の名は八三ページに出ていますので、そこを見てください。もう一人の慈信房善鸞《ぜんらん》ですが、彼を恵信尼の子とする説もあります。だが、善鸞自身が恵信尼を「継母《ままはは》の尼」と呼んでいるのですから、玉日姫の子どもであったことはまちがいないでしょう。

そうすると、越後、関東において恵信尼とのあいだに生まれた子どもは、五人になります。そのうち小黒女房《おぐろのにょうぼう》ですが、彼女は小黒（新潟県東頸《くび》城郡安塚町小黒）に住んでいたので、この名で呼ばれています。それから信蓮房明信です。彼は越後国栗沢（中頸城郡板倉町栗沢）に住んでいたので、〝栗沢の信蓮房〟と呼ばれています。この二人は親鸞四十歳以前の子どもですので、親鸞が六十歳のころには二十歳を越えています。だからすでに越後に移っていたかもしれません。

それ故、親鸞が〈京都に戻ろう〉と考えた六十歳のころ、関東で親鸞と一緒に暮らしていたのは、妻の恵信尼と三人の子どもになります。けれども高野禅尼と呼ばれている娘は、恵信尼の消息にはあまりその名が出てきませんので、ひょっとしたら若くして死んだのかもしれません。で、それを除くと、有房《ありふさ》と末娘の覚信尼（一二二四―八三）の二人の子どもになります。

では、親鸞は妻と二人ないし三人の子どもを連れて京都に移れるでしょうか？　無理ですよね。前にも述べたように、親鸞は道場主からの志納金によって生計を立てています。その志納金も、親鸞が京都に移れば、相当に減額されるでしょう。また、稲田の地だと、恵信尼も畑を耕したりすることもできるでしょうが、京都に移ればそれもできません。

それやこれやの事情もあって、結局は親鸞は、末娘の覚信尼だけを連れて、六十三歳のころ京都に戻りました。

妻の恵信尼とは別居することになったのです。恵信尼は息子の有房と高野禅尼（生きていれば、です）を連れて、実家のある越後に戻りました。ただし、これには異説もあります。恵信尼たちはいったん夫とともに京都に移ったが、のちに越後に移った、とする説です。しかしわたしは、経済的理由からして、それは無理だと思います。親鸞は覚信尼だけを連れて、京都に移ったのです。

では、なぜ覚信尼を京都に連れて行ったか、です。それは暮らしの世話をしてもらうためです。老僧であれば、身の回りの世話をしてくれる随行《ずいこう》がいます。しかし、親鸞は僧ではありません。だから炊事・洗濯をしてくれる人が必要です。親鸞が京都へ戻ったのは六十三歳のときと仮定すると、覚信尼は十二歳です。十分に女房の代わりが務められると思います。

## 京における親鸞の暮らし

帰京した親鸞はどこに住んだのでしょうか?

『親鸞聖人正統伝』によると、長子の印信が岡崎の地に草庵を修理して用意してくれており、ひとまず親鸞はそこに落ち着きました。だが、彼は一か所にじっと腰を落ち着かせる性格ではありません。

聖人、故郷に帰て往時をおもふに、年々歳々夢のことし、幻のことし、長安洛陽の栖《すみか》も蹤《あと》をとゞむるに嬾《ものうし》とて、扶風憑翊《ふふふよく》ところ〴〵に移住したまひき、五条西洞院わたり是一の勝地也とて、しはらく居をしめたまふ。

と、『親鸞聖人伝絵』は報告しています。平安京は唐の長安と洛陽を模して造られた都ですから、ここでは京都を〝長安洛陽〟と呼んでいます。扶風は右京を、憑翊は左京を意味します。親鸞は右京・左京のあちこちを転居し、五条西洞院(現在の松原通)あたりに落ち着いた、というのです。

『親鸞聖人正明伝』によると、彼は、弟子たちが訪ねて来るのがうるさいということで、あるときは二条富小路、あるときは一条柳原、また三条坊門富小路、河東岡崎、吉水、清水などに転居したようです。五条西洞院は、親鸞が京においていちばん長く住んだ所と考えてよいでしょう。しかしね、親鸞は六十二、三歳から亡くなる九十歳までのあいだ、二十七、八年を京都で暮らしたのです。そのあいだに七、八回の転居をしたのは、あたりまえといえばいえますよね。

*

京都において親鸞は、道場主からの仕送りによって生きていました。

銭弐拾貫文慥《たしかに》ゝ給候。穴賢《あなかしこ》ゝゝ。（『末燈鈔』第十七通）

御こゝろざしのぜに三百文、たしかに〳〵かしこまりてたまはりて候。（覚信房宛消息。『定本親鸞聖人全集』第三巻「真蹟書簡」第二通）

方々《ほうぼう》よりの御こゝろざしのものども、かずのまゝにたしかにたまはりさふらふ。（『末燈鈔』第二十通）

親鸞の門弟たちへの消息の中には、門弟たちからの送金に対する謝辞を述べたものが、少なからずあります。しかし、その仕送りは、それほど潤沢であったわけではありません。なぜなら、関東にいたときの親鸞は、道場主たちの顧問的存在でした。しかし、彼が京都に行けば、顧問ではなく名誉顧問的存在になります。そうするとその仕送りは、だいぶ減額されるでしょう。

親鸞は道場主からの志納金に対して、専修念仏の理論を分かりやすく解説した著述をつくって送り、また彼らから寄せられた疑問に書簡でもってていねいに答えています。たとえば、法然の高弟であった聖覚《せいかく》(一一六七—一二三五)の著『唯信鈔』に対して、その注釈書である『唯信鈔文意』をつくり、同じく法然の高弟であった隆寛《りゅうかん》の『一念多念分別事』に注釈を施した『一念多念文意』がそれです。これらが道場主に対する指南書であり、その指導に対する返礼が仕送りであったわけです。

## 親鸞と門弟たち

先程わたしは、親鸞は門弟たちの来訪をうるさく思って、京の街をあちこち転居したと書きました（一六二―一六三ページ）。〈志納金を貰っているくせに、門弟に会うのを拒むなんて……〉と言われそうですが、わたしにだってそれに類する体験があります。わたしは、出版社から寄せられる人生相談的疑問に応えるのは吝《やぶさ》かではありませんが、個々の読者の人生相談には逃げ出したくなります。だいたいにおいて前者はパブリック（公衆のための）で、後者はプライベート（私的な）だからです。親鸞にもそれがあったのでしょう。

『歎異抄』（第二段）において、親鸞は次のように言っています。

> おの〳〵十余ケ《じゅうよか》国《こく》のさかひをこえて、身命《しんみょう》をかへりみずしてたづねきたらしめたまふ御《おん》こゝろざし、ひとへに往生極楽《おうじょうごくらく》のみちをとひきかんがためなり。しかるに、念仏よりほかに往生のみちをも存知《ぞんじ》し、また法文等をもしりたるらんと、こゝろにくゝおぼしめしておはしましてはんべらんは、おほきなるあやまりなり。もししからば、南都《なんと》・北嶺《ほくれい》にもゆゝしき学生《がくしょう》たち、おほく座《おわ》せられてさふらうなれば、かのひとにもあひたてまつりて、往生の要よく〳〵きかるべきなり。親鸞におきては、たゞ念仏して弥陀にたすけられまひらすべしと、よきひとのおほせをかふりて信ずるほかに、別の子細なきなり。念仏は、まことに浄土にむまるゝたねにてやはんべらん、また地獄におつべき業にてや

はんべるらん。惣《そう》じてもて存知せざるなり。たとひ法然聖人にすかされまひらせて、念仏して地獄におちたりとも、さらに後悔すべからずさふらう。そのゆへは、自余の行もはげみて仏になるべかりける身が、念仏をまふして地獄にもおちてさふらはゞこそ、すかされたてまつりてといふ後悔もさふらはめ。いづれの行もおよびがたき身なれば、とても地獄は一定すみかぞかし。

［常陸《ひたち》から下総《しもうさ》・武蔵《むさし》・相模《さがみ》・伊豆《いず》・駿河《するが》・遠江《とおとうみ》・三河《みかわ》・尾張《おわり》・伊勢《いせ》・近江《おうみ》・山城《やましろ》と、十余か国の道を遠しとせず、いのちがけの旅をつづけて、あなたがたがわたしを訪ねて来られた目的は、極楽浄土に往生できる道を教わらんとしてのことであるはずだ。

しかしながら、わたしがお念仏以外の往生の手段を知り、また経典類の文句も知っているだろうと勝手に思われているようだが、それはとんでもない誤解である。それを教わりたいのであれば、奈良や比叡山《ひえいざん》に立派な学者が大勢おいでになるのだから、その人々にお会いして往生の道を教えていただくがよい。

わたし親鸞においては、ただお念仏を称えて阿弥陀如来にたすけていただくばかりであると、法然上人から教わったことを信じるよりほか何もない。

お念仏をして本当にお浄土に生まれることができるか、それとも地獄に堕《お》ちる業《ごう》となるか、そんなことにわたしは関心を持たぬ。よしんば法然上人にだまされて、念仏した結果地獄に堕ちたとしても、わたしに後悔はない。なぜなら、念仏以外の修行を積んでそれで仏となれるはずの身が、念仏をしたために地獄に堕ちたのであれば、そのときは〈騙された〉といった後悔も起きるかもしれない。しかし、このわたしは、どんな修行もできぬ身だから、それなら地獄がはじめからわたしに定められた場所なのだ」

親鸞と門弟たちとの応対を知っていただきたくて、だいぶ長々と引用してしまいました。たぶん門弟たちの質問が、親鸞にとってくだらぬもの、ばからしいものだったのでしょう。彼は、「わたしは念仏よりほか、何も知らない」

と冷たく言い放っています。この態度、わたしにはよく分かります。わたしは「仏の物差し」でもって言っているのに、たいていの人は「世間の物差し」でわたしに向かってきます。〈そんなの、相手にしておられんわ……〉というのが、わたしの感想です。きっと親鸞もそうだったと思われます。

## 親鸞の三人の妻

あとで書くつもりでしたが、忘れるといけませんので、ここで書きます。十二歳で親鸞とともに京に来た、娘の覚信尼のことです。

覚信尼はやがて適齢になります。『本願寺留守職相伝系図』によると、彼女は太政大臣久我《こが》通光《みちてる》（一一八七—一二四八）に仕えて女房になりました。女房というのは妻ではなく、貴人の家などに仕える女性です。そしてその後、彼女は日野広綱に嫁《か》しています（赤松俊秀『親鸞』吉川弘文館による）。

日野広綱は親鸞のいとこの子どもです。覚信尼とのあいだに二人の子女が生まれています。ところが、広綱は親鸞の生前になくなっています。そして親鸞は、覚信尼と二人の孫を引きとって養育せねばならなかったようです。京都における親鸞は、生活に相当の苦労をせねばならなかったのではないでしょうか。

ところで、親鸞は覚信尼に身の回りの世話をしてもらっていました。炊事・洗濯・掃除をしてもらっていたのです。では、覚信尼が家を出たあと、親鸞はどうしたでしょうか？　男が炊事・洗濯・掃除をするなんて、当時は考えられないことです。

その世話をしたのが、親鸞の三番目の妻であったとわたしは考えます。もちろん、彼女は側室であったでしょう。そして、その側室とのあいだに、即生房という男子が生まれています。

その論拠に、親鸞の晩年に常陸の人々に宛てた手紙があります。

このいまごぜん《今御前》のはゝ《母》の、たのむかたもなく、そらう《所領》をもちて候はゞこそ、ゆづりもし候はめ。……このそくしやうばう《即生房》も、すぐ《過》べきやうもなきものにて候へば、申おくべきやうも候はず。……(『定本親鸞聖人全集』第三巻「真蹟書簡」第十一通)

自分に財産(所領)があれば、今御前の母に譲ってやるのだが、譲るべき物がない。今御前の母と即生房の身の上が案じられてならない。自分の死んだあとも、二人への仕送りを頼む、といった内容です。

学者によっては、この今御前の母を恵信尼の別称だと言う人もいますが、それはあまりにも本願寺に媚《こ》びた意見です。わたしは、親鸞には、

——玉日姫・恵信尼・今御前の母——

の三人があったと思います。だって恵信尼は越後にいたのですから、親鸞の世話を焼くことはできませんもの。

## 著作に専念する親鸞

京に戻ってからの親鸞は、執筆に専念しています。これも、あまり人に会いたくない理由かもしれません。突然、人に訪ねて来られると、執筆のペースが狂ってしまうからです。『教行信証』は、彼は死ぬまで加筆したり、添削しています。繰り返し繰り返し読んで、手を入れていたでしょう。

前に述べたように（一六四ページ）、門弟たちへの念仏理論の指南書である『唯信鈔文意』や『一念多念文意』などの執筆も、親鸞の重要な仕事でした。

そして何より、親鸞は京都に帰ってから、多数の「和讃《わさん》」をつくっています。「和讃」とは、仏や菩薩、祖師たちを和語でもってほめたたえた讃歌です。だいたいが七五音の句で構成されています。余計なことかもしれませんが、奈良・平安時代の歌謡はだいたいが五七調ですが、平安中期から鎌倉時代にかけては、七五調が流行するようになりました。それを「今様歌《いまようた》」と呼びます。

今様歌は、後白河法皇（一一二七―九二）が集成した『梁塵秘抄』が有名で、代表的なものに、

《仏は常に在《いま》せども

現《うつつ》ならぬぞあわれなる
人の音せぬ暁に
仄《ほの》かに夢に見えたまふ》

があります。親鸞は今様歌でもって、仏教の教理を詠み、仏・菩薩・高僧たちを讃えたのです。

親鸞がつくった、

『浄土和讃』(百十八首)は……浄土信仰の根本を讃仰したもの、

『高僧和讃』(百十七首)は……インドの龍樹《りゅうじゅ》・世親《せしん》、中国の曇鸞《どんらん》・道綽《どうしゃく》・善導《ぜんどう》、日本の源《げん》信《しん》・法然といった七高僧の徳を讃えたもの、

『正像末和讃』(百十八首)は……末法の世における浄土信仰の真髄を歌ったもの、

で、これをまとめて「三帖和讃《さんじょう》」と呼んでいます。

親鸞が『浄土和讃』と『高僧和讃』をつくったのは七十六歳のころです。京都に戻って十数年後です。そして、『正像末和讃』の製作は、彼が八十五歳のとき。彼は九十歳で亡くなるのですが、八十五歳といえば相当のよぼよぼ老爺になっていたでしょうね。そう思えてなりません。

## 親鸞の和讃

それでは、親鸞の和讃のほんの少しだけを紹介します。順不同であり、しかもわたしの気にいったものだけです。

弥陀《みだ》の名号《みょうごう》となえつつ
信心まことにうるひとは
憶念《おくねん》の心《しん》つねにして
仏恩《ぶっとん》報ずるおもいあり（『浄土和讃』）

最初の行にある〝つつ〟ですが、これは現代語の用法とは違います。現代語だと、「テレビを見つつ食事をする」といった場合、これは「テレビを見ながら」の意味ですが、親鸞がここで言っているのは、「弥陀の名号を称える（すなわち「南無阿弥陀仏」と称える）ことによって、真実の信心を得た人は、常に阿弥陀仏の本願を憶《おも》う心になって、仏の恩に報謝する気持ちになるものだ」ということです。

これが念仏者の基本姿勢になるでしょう。

生死《しょうじ》の苦海ほとりなし
ひさしくしずめるわれらをば
弥陀弘誓《みだぐぜい》のふねのみぞ
のせてかならずわたしける（『高僧和讃』）

「生死の苦海」とは、この娑婆世界のことです。その苦は、これで終わりということはありません。そして、ただ阿弥陀仏の誓願のみが、その苦海に長きにわたって沈んでいるわれわれを乗せてお浄土に運んでくれるのです。
この和讃は、浄土真宗のお通夜のときに、よく用いられます。

如来大悲の恩徳《おんどく》は
身を粉にしても報ずべし
師主《ししゅ》知識の恩徳も
骨を砕《くだきて》も謝すべし（『正像末和讃』）

これが親鸞の和讃のうち、最も有名なものでしょう。耳にする機会の多いものです。なお、〝知識〟というのは「善知識」の意味で、人々を導いてくれる僧や友人をいいます。

それから、親鸞の和讃には、〝べし〟や〝せよ〟といった命令形が多用されています。坂東《ばんどう》性純《しょうじゅん》によると、この命令形は他人に向かっての命令ではなく、親鸞に対しての阿弥陀如来からの仰せだそうです（『親鸞和讃』日本放送出版協会）。わたしもそれに賛成です。そもそも親鸞は、他人に「ああせよ」「こうせよ」と命令する人ではありません。すべてが阿弥陀仏のおはからいなんだと、常に自分に言い聞かせ、結婚もし、「非僧非俗」に人生を生きてきた人です。だからこの〝べし〟は、阿弥陀仏からの命令です。

清浄光明ならびなし
遇斯光《ぐしこう》のゆえなれば
一切の業繫《ごうけ》ものぞこりぬ
畢竟依《ひっきょうえ》に帰命せよ（『浄土和讃』「讃阿弥陀仏偈《げ》和讃」）

これもよく耳にする和讃です。

〝清浄光明〟は阿弥陀仏の発する光明です。〝遇斯光〟は「斯《こ》の光に遇《あ》う」といった意味。その光に遇えば、われわれの業繫（業へのとらわれ）も除かれるというのです。〝畢竟依〟は最終的な依りどころであって、すなわち阿弥陀如来です。阿弥陀如来に帰命（南無）せよ、と親鸞は歌っているのです。

これは『讃阿弥陀仏偈和讃』の中の一つですが、じつはこの『讃阿弥陀仏偈和讃』は、中国の魏《ぎ》の時代、五世紀後半から六世紀前半の曇鸞がつくった『讃阿弥陀仏偈』という漢文の詩（偈）を分かりやすい日本語にしたものです。親鸞の「和讃」は、彼の創作詩ではありません。彼は、経典や論書にある教説を、誰もが親しめる和讃にして示したのです。『教行信証』が、親鸞が漢文でもって記した教理・教説の書としますと、「和讃」のほうはそれを日本語でもって詩的に表現したものです。したがって親鸞の和讃は、

「〔親鸞が〕和文でもってあらわした『教行信証』である」

と言う学者もいるぐらいです。「和讃」をつくることは、親鸞の教化活動であったといえるでしょう。

十方微塵《みじん》世界の
念仏の衆生をみそなわし

摂取《せっしゅ》してすてざれば
阿弥陀となづけたてまつる（『浄土和讃』「弥陀経意」）

『弥陀経和讃』は、『阿弥陀経』の教理を平易にあらわしたものです。この宇宙は、十方（四方八方と上下）に微塵のように拡がった世界から成るが、阿弥陀仏はその中にいる衆生のすべてを漏れ無く救ってくださる、というのです。これが『阿弥陀経』の基本教理ですね。

弥陀の本願信ずべし
本願信ずるひとはみな
摂取不捨《せっしゅふしゃ》の利益《りやく》にて
無上覚《むじょうがく》をばさとるなり（『正像末和讃』）

親鸞八十五歳のとき、二月九日の夜、親鸞は夢を見ました。その夢の中で感得されたことを和讃にしたのがこれです。原稿には、

康元《こうげん》二歳 丁巳《ひのとのみ》二月九日夜寅時 夢 告 云《とらのときゆめにつげていわく》

とあります。親鸞は夢の中でも阿弥陀仏と対話し、和讃をつくっていたのですね。〝寅の時〟というのは、午前四時ごろです。

# 第6章

# 晩年の親鸞

## 親鸞の最期

前にも書きましたが、親鸞は九十歳で亡くなりました。弘長二年（一二六二）十一月二十八日未刻《ひつじのこく》（午後二時ごろ）、弟の尋有《じんう》の里坊である、三条富小路の善法院においての入滅です。

平均年齢が五十歳であった昔に、親鸞の九十歳は長寿であったと言う人がいます。しかし、平均年齢というのは、幼児死亡率によって変わります。五歳未満で死んだ幼児が十人いれば、九十五歳以上生きた老人が十人いなければなりません。それで平均五十歳になるのです。平均年齢と長寿はあまり関係がありません。昔も、長寿の老人が大勢いたのです。

しかし、それにしても親鸞は長生きしましたね。

正嘉元年（一二五七）に、門弟に対して親鸞は仏教の教義を書き記した消息を出しています。その末尾に、彼は、

目もみえず候。なにごともみなわすれて候うへに、ひとなどにあきらかにまふすべき身にもあらず候。（『末燈鈔』第八通）

と付記しています。このとき、親鸞は八十五歳でした。老眼で文字がよく読めない。もう、みんな忘れてしまった。こんなわたしが、他人にとやかく言える身ではないのだ。一読すると、ちょっと淋しい言葉です。まあ、しかし人間は、老いれば必ず目も見えなくなり、耳も遠くなり、脚もよぼよぼになります。それはそれで仕方のないことです。

そういえば、仏教の開祖の釈迦世尊の入滅は八十歳のときでした。親鸞は釈迦より十年長く生きたのです。そして親鸞の師であった法然も、八十歳で入滅しています。

その釈迦が、八十歳になったとき、こんなふうに語っています。

《阿難よ、いまはわたしは老い衰え、人生の旅路の果てに到達し、老齢になった。わが齢《よわい》は八十である。古ぼけた車が修繕を加えながらようやく動いているように、わたしのからだも修繕をしながらやっと動いているのだ》(『マハーパリニッバーナ・スッタンタ』)

阿難(アーナンダ)というのは、釈迦の侍者をしていた弟子です。釈迦は阿難ただ一人を連れて、とぼとぼと遊行に歩いていました。すごいですね。八十歳の老人が、どこにも定住することなく、侍者を連れて旅をしている。その姿に、わたしは頭が下がります。

ちょっと横道に逸《そ》れたついでに、もう少し言っておきましょう。

時宗の開祖の一遍(一二三九—八九)が、次のように語っています。時宗というのは浄土宗の一派で、一遍は法然の曽孫弟子にあたります。

《又云《またいわく》、念仏の機に三品《さんぼん》あり。上根《じょうこん》は、妻子を帯し家に在《あり》ながら、著《じゃく》せずして往生す。中根は、妻子をすつるといへども、住処と衣食《えじき》とを帯して、著せずして往生す。下根《げこん》は、万事を捨離《しゃり》して、往生す。我等は下根のものなれば、一切を捨《すて》ずは、定《さだめ》て臨終に諸事に著して往生をし損ずべきなりと思ふ故に、かくのごとく行ずるなり》(『一遍上人語録』巻下)

[また、こう言われた。念仏者の素質に三種がある。上等の人は、妻子を持ち家に住みながら、それに執着しないで往生できる。中等の人は、妻子は持たないが衣食住の手段を確保し、それに執着せずに往生ができる。下等の人は、すべてを捨てた上で往生する。われらは下等の念仏者だから、いっさいを捨てておかないと、臨終のときにあれこれ執着が生じて、往生ができなくなる虞《おそれ》があると思うから、すべてを捨てているのだ」

一遍がこう語ったとき、彼の頭の中には、上根の人として親鸞が、中根の人として法然があったと思われます。そして下根の人として一遍自身がありました。そうすると、釈迦の生き方は下根の人になりそうです。

あんがい一遍の指摘の通りかもしれません。釈迦や一遍のように、すべてを捨ててしまったほうが楽な生き方ができるでしょう。それにしても親鸞は、観音菩薩の命令によってむずかしい生き方を選択しました。家に住み、妻子を持ちながらそれに執着しないと一遍は言いますが、自分は執着しないまでも、いろんな問題が発生します。親鸞の晩年は、妻子を持つことによって派生する問題に、相当に悩まされたようです。

わたしたちは家を持ち、財産を持ち、妻子を持ちながら仏教者であろうとしています。それが苦難の道であることを覚悟しておいたほうがよいでしょう。わたしはそう思うのです。

## 「造悪無碍説」と「賢善精進説」

われわれは、親鸞が関東を去って京に戻ったのは嘉禎元年（一二三五）、親鸞六十三歳のときと推定しました。これには異説が多いのですが、いちおうそうしておきます。

ところが、ちょうどその年に、鎌倉幕府は専修念仏を停止しました。これによって関東の地に大きな情勢の変化が生じたのですが、その変化を知らずに親鸞は関東を立ち去ったようです。そのために、のちに述べますが、親鸞はちょっとした判断ミスをやった可能性があります。

では、鎌倉幕府はなぜ専修念仏に弾圧を加えたのでしょうか？

わたしは第1章において、「本願誇り」について書いておきました（三七ページ参照）。そこでも言ったように、阿弥陀仏は罪深い悪人をこそ救われるのであるから、われわれは悪人になるべきだ――というのが本願誇りです。これはまあ「本願に甘える」「本願に付け上がる」といえるかもしれません。

しかし、〝甘える〟といえばほんわかとやさしいのですが、〝付け上がる〟といえばあまりおだやかではありません。ちょっと眉を顰《ひそ》めたくなります。じつはこれは「世間の物差し」と「仏の物差し」の差なんです。親鸞は原理主義者（根本主義者）だから仏の物差しに立って、

〈別段、本願誇りだっていいではないか?! いや、本願に甘えたほうがいい〉

と考えますが、少しでも「世間の物差し」を気にするならば、

〈本願に付け上がるようなことをしてはいけない〉

となります。

この違いを、われわれは、

――「造悪無碍《むげ》説」と「賢善精進《しょうじん》説」――

と呼んでおきましょう。阿弥陀仏は悪人を救われるのだから、われわれが阿弥陀仏に救われるためには積極的に悪をすべきだ――というのが造悪無碍説。その反対に、阿弥陀仏はまじめに努力する人を嘉《よみ》されるのだから、念仏者も精進して善を行ずるようにすべきだ――とするのが賢善精進説です。で、そのいずれが異端であり、邪説か？ これはそう簡単にはいえません。しかし親鸞は、すでに言ったように造悪無碍説に傾いています。彼には世間の物差しなんて眼中にないからです。

## 関東の混乱と紛糾

ところが、鎌倉幕府にとっては、この造悪無碍説は困るのです。

いや、もともと政治権力は世間の物差しの守護者ですから、造悪無碍説に傾く専修念仏を不可とします。それで法然も親鸞も、朝廷によって弾圧され、流罪になったのです。しかし、鎌倉幕府は武家政権ですから、最初は聖道門か浄土門かといった宗派の争いには関心がなく、庶民たちが念仏を称えるのを、黙って見ていました。武士たちは新しく興った禅宗のほうが好きだったのですが、庶民のやることに介入せず、弾圧を加えることもなかったのです。

けれども、関東の地において、専修念仏の弘まりによって造悪無碍説が表面化してきます。幕府は、治安維持の上からも造悪無碍派には困るようになります。それで嘉定元年の七月に、幕府は専修念仏を停止しました。

だが、幕府が専修念仏を停止したとしても、それは朝廷がやったのと違います。われわれが鎌倉時代を考察するとき、京都と鎌倉の違いを無視して論じてしまいますが、それはまちがいです。朝廷は宗派間のトラブルに介入して、たとえば専修念仏を弾圧したりします。そのいい例が、法然・親鸞が流罪になった建永の法難です。けれども、幕府は宗派の問題にはあまり関心がありません。幕府が関心を寄せるのは、治安の維持です。それが証拠に、日蓮が伊豆や佐渡に流罪になったのは、治安を乱した廉《かど》により、貞永式目によって罰せられたのです。日蓮宗ではそれを「法難」と捉えていますが、実際はそうではありません。日蓮は自坊に武器を蓄えていた形迹《けいせき》があります。

だから、鎌倉幕府が専修念仏を停止したのも、その主たる目的は造悪無碍説による風紀紊乱《びんらん》を取り締まることでした。だが、政治的目的はそうであっても、親鸞の門弟の念仏者にとっては、それは宗教の問題でありました。そして、関東の門弟たちのあいだには、徐々に混乱と紛糾が生じ、高まります。動揺した門弟たちは、この混乱と紛糾を鎮めるために、関東への親鸞の下向を願い出ました。

しかし、親鸞には行く気がありません。

行く気はなくても、そのまま放置しておくこともできません。

そこで親鸞は、自分の名代として息子の善鸞《ぜんらん》（生没年不詳）を派遣しました。善鸞は、妻と子息の如信を伴って東国に下りました。それがいつか、正確な年代は分かりませんが、いちおう建長四年（一二五二）のころとしておきます。このとき親鸞八十歳、善鸞は四十三歳、如信は十八歳と推定されています。わたしは、善鸞は四十五歳ぐらいではなかったかと思いますが、通説によるとそうなっています。

この善鸞の関東への下向が、のちに大問題となったようです。

## 善鸞義絶事件

わたしの意見はあとで述べますが、いわゆる「善鸞事件」なるものが通説ではどう扱われているか、『日本大百科全書』の「親鸞」の項を引用します。これは石田瑞麿の執筆によるものです。

《……そのなかでただ一つ親鸞の心を痛ましめたものは善鸞事件である。この事件は、親鸞の実子善鸞が関東に下って、若輩にもかかわらず門弟の間に指導的位置を得ようと画策したことに発する。彼は親鸞の子であるという地位を利用して、親鸞が門弟には説かなかった念仏の真髄を自分一人にひそかに人に隠して教えてくれたと公言するとともに、親鸞に対しては、門弟たちが誤った教えを説いていると誣告《ぶこく》し、かたがた当時の幕府の、念仏者の非法を禁圧する姿勢に乗じて、その非法行為が親鸞の高弟たちによるかのように、幕府や領家、地頭らに通じたようである。このため、門弟たちは窮地に落ち、信仰の動揺を招いたが、そのうち善鸞の野望が明るみに出、ついに一二五六年（康元一）親鸞は善鸞を義絶し、親子の縁を断ったのである。念仏の訴訟事件もその後まもなく落着をみている。……》

これが通説です。でも、書き写していて、わたしはちょっと腹立たしくなりました。《若輩にもかかわらず……》と執筆者は言っていますが、善鸞はそのとき四十歳を過ぎた、妻も子どももあるおとなですよ。こんなに書かれるほど、善鸞は悪い人間ですか。それなら、わざわざそんな悪い人間を選んで、関東に下向させた父親の親鸞の人選ミスはどうなるのですか?!

じつは、この通説の背景にあるのは、親鸞が書いたとされる一通の「義絶状」です。読者は、最初にそれを読んでください。


……第十八の本願をば、しぼめる《萎》はな《花》にたとえて、人ごとに、みなすてまいらせたりときこゆること、まことにはうぼふ《謗法》のとが《科》、又五逆のつみ《罪》をこのみて、人をそむじ《損》まどわ《惑》さるゝこと、かなしき《悲》ことなり。ことに破僧の罪とまふすつみは、五逆のその一なり。親鸞にそらごと《虚言》をまふしつけたるは、ちゝ《父》をころ《殺》すなり、五逆のその一なり。このことゞもつたえ《伝》きくこと、あさましさまふすかぎりなければ、いまはおや《親》といふことあるべからず、こ《子》とおもふことおもいきりたり。三宝・神明にまふしきりおわりぬ、かなしきことなり。

……（『定本親鸞聖人全集』第三巻「古写書簡」第三通）

「そなたは阿弥陀仏の第十八の本願を萎《しぼ》める花に喩えて、人々の信心をやめさせたと聞いて

います が、これはまことに謗法の罪です。謗法の罪は、五逆罪《ごぎゃくざい》（殺母、殺父、殺阿羅漢、出仏身血、破和合僧の重罪）の一つであり、人々の心を惑わしたことは、悲しいことです。教団を分裂させる罪も五逆罪の一つで、この親鸞に虚言を申し付けたのは、父を殺すことです。この父を殺すというのも五逆罪の一つです。そうしたことを伝え聞いていますが、その驚きは言葉にできません。かくなる上は親であることはできず、そなたを子と思うこともやめます。そのことを三宝と神々に申し上げました。悲しいことです」

この一通の「義絶状」を根拠に、多くの学者は善鸞事件を組み立てています。

## 義絶書は偽物であってほしい

ところが、この義絶状は親鸞の真蹟ではありません。義絶状の最後に、

《嘉元三年七月廿七日書写了》

とあるように、嘉元三年（一三〇五）に書写されたものです。書写したのは、高田専修寺の顕智《けんち》です。この嘉元三年は、事件が起きた建長八年（一二五六）から四十九年後です。しかも、これが高田専修寺の倉庫から発見されたのは、大正十年（一九二一）です。

おかしいと思われませんか。親の親鸞が息子に宛てた義絶状が、その息子と対立している側の倉庫から写しの形で、しかも六百五十年後に発見される。どこかに作為が感じられてなりません。

したがって、この義絶状の偽作説を唱える学者も少なくはありません。

では、おまえはどう考えるのだ?! そう問われても、これが本物か否か、わたしに判定する能力はありません。ただわたしは、

〈これは偽物であってほしい〉

と願っています。なぜかといえば、もしも親鸞がこれを書いたとしたら、彼はあまりに耄碌《もうろく》してしまっています。

だって親鸞は、こう言っていたのですよ。前にも引用した部分と重なりますが、確認のためもう一度引用します。

親鸞におきては、たゞ念仏して弥陀にたすけられまひらすべしと、よきひとのおほせをかふりて信ずるほかに、別の子細なきなり。

……………

詮ずるところ、愚身《ぐしん》の信心におきてはかくのごとし。このうへは、念仏をとりて信じた

てまつらんとも、またすてんとも、面々の御はからひなりと云々。（『歎異抄』第二段）

わたしは法然上人に教わったことをただ信じているだけだ。それであるから、あなたがたが念仏を信じようと／信じまいと、それはあなたがたの勝手だ（《面々の御はからひなり》）。

また、『歎異抄』には、

《如来よりたまはりたる信心》

といった言葉が出てきます。だとすれば、善鸞の説いたことはたとえまちがっているとしても、善鸞はその信心を如来よりたまわったのではありませんか。親鸞は、過去に自分が言ったことを忘れてしまったのでしょうか?!

いや、善鸞は父親を傷つけるようなことをした。だから許せないのだ。そう言われるのであれば、『教行信証』で親鸞は言いましたよね。

——古代インドの阿闍世太子が父親を殺したのも、すべて阿弥陀仏がそうさせられたことだ——

と。善鸞だって、阿弥陀仏の操り人形です。その善鸞を義絶したりすれば、親鸞は阿弥陀仏に楯突いていることになります。

わたしは、親鸞の書いた義絶書なんて、後世の誰かがでっちあげたものであってほしい……

と願っています。親鸞が耄碌したなんて、考えたくありません。

## 問題点は何か?

別の角度から、「善鸞事件」を見ておきましょう。

親鸞が自分の名代《みょうだい》に善鸞を派遣したのは、関東の門弟たちのあいだで動揺があったからです。では、なぜ門弟たちが動揺したのか？　三つの問題点がありました。

1　教義上の問題。

2　経済的な問題。

3　政治的な問題。

この三つが相互に絡み合って問題を複雑にし、また解決を困難にしました。

ところで、善鸞が問題解決に失敗——と言っておきます——したあと、親鸞は唯円を関東に下向させています。唯円というのは、『歎異抄』の作者とされる「河和田（常陸国茨城郡）の唯円」と呼ばれる人です。昔は、唯円ははるばる関東から京都にいる親鸞の所を訪ねて来た、とされていましたが、近年は彼は京都の人であり、仁治元年（一二四〇）に親鸞の弟子となったとする説が有力です。このとき親鸞六十八歳、唯円は十九歳でした。そして親鸞の命を受けて、正嘉二年（一二五八）のころ関東に下向し、河和田に住みついています。唯円が三十七歳のころです。そうすると『歎異抄』は、親鸞八十五、六歳ごろの関東の門人たちの動向を示したものとなるでしょう。

で、『歎異抄』を参考にしながら、関東の門弟たちが動揺した問題点を洗ってみましょう。まず教義上の問題ですが、親鸞帰京後の関東では「造悪無碍説」が盛んになります。もっとも、そのことだけではあまり問題になりません。だって親鸞その人が原理主義者であって、ある意味では造悪無碍説に傾いていたからです。

だが、この造悪無碍説は庶民にアピールします。「賢善精進説」よりも魅力が大きいからです。そうすると、造悪無碍説を唱える道場が繁昌し、賢善精進説派の道場が寂《さび》れることになります。これが経済的な問題です。「なんとかしてくれ」と、親鸞に泣きつきたくなる気持ちは分からないではありません。

そして、そこに政治的な問題が加わります。すでに述べたように、鎌倉幕府は専修念仏の弾圧を始めました。それは、念仏者がややもすれば公序良俗に反する行動をするからです。とりわけ造悪無碍派の念仏者に、幕府の眉を顰《ひそ》めさせる行動が多く見られるようになる。それで幕府は、専修念仏を目の敵《かたき》にするようになりました。

そこで門弟たちは、京都にいる親鸞に、

「なんとかしてください」

と頼みました。もう一度親鸞に関東に来てもらって、専修念仏に対する危機を乗り越えたかったのです。

だが、老齢を理由に親鸞はその要請を断り、自分の名代として息子の善鸞を下向させました。

## 親鸞の判断ミス

だとすると、善鸞はどうすればよかったのでしょうか？

わたしは、善鸞は、鎌倉幕府の専修念仏への弾圧をなんとかすることが自分の役目だと認識したと思います。

幕府の弾圧を弱めるためには、善鸞は賢善精進説に立たねばなりません。幕府が腹立たしく思ったのは、急進的な造悪無碍説の人たちです。善鸞は、そういう急進的な分子の一部を、ひょっとしたら幕府に売り渡したかもしれません。

そうなると、問題がこじれてきます。いままでは造悪無碍派の道場が経済的に繁栄していましたが、それが幕府からも睨まれ、賢善精進派に信者を奪われるようになります。

それと、注意しておいてほしいのは、善鸞は妻子を伴って関東に下向しています。いったい誰が、親子三人の生計費を負担するのでしょうか？　そんなスポンサーはいません。すると、善鸞自身が道場主になって、信者を集めねばなりません。たぶん善鸞は道場を開いたでしょう。もちろん、賢善精進派の道場になります。その道場主は親鸞の実子ということもあって、多くの信者を獲得します。造悪無碍派にすれば、「善鸞が悪いのだ」「あいつが親を笠に着て、俺たちをいじめている」「あの善鸞を追い出せ！」となります。そして京都にいる親鸞に、善鸞の悪事をあること／ないこと、針小棒大に報告したのでしょう。きっと造悪無碍派の人々は、善鸞に、「阿弥陀仏の本願は悪人をこそ救うためである、あなたはその本願を否定するのか?!」と問います。それに対して善鸞は、「いまは時が悪い、もう少し本願の花が咲く時代がくれば、あなたがたの言っていることも正しくなる」といったような返答をしたでしょう。それが、

「善鸞は、本願を萎める花と言っている」

といった京都への報告になった。わたしはそのように推理します。

そう聞かされた親鸞は、息子の善鸞を義絶するという挙《きょ》に出ました。わたしは「義絶状」そのものを疑っていますが、もしそれが本物であれば、その理由はわたしの推理の通りでしょう。

ということは、親鸞は判断ミスをやったのです。

現代においても、派遣した社員が派遣先でトラブルを起こす。そのとき社長は、いったん社員を呼び戻して、いろいろと事情を聞くでしょう。それをせずに、親鸞は、相手側の言い分を

聞いただけで、社員（善鸞）を馘首《かくしゅ》したのです。親鸞はいったん善鸞を京に呼び戻して、いろいろと事情を聞くべきでした。それがまともなやり方でした。

わたしは、この事件は、親鸞の判断ミスによるものだと思います。

善鸞は、ちょっと行き過ぎはあったかもしれませんが、あんがい親鸞の意向――鎌倉幕府の専修念仏に対する弾圧を緩和すること――をうまく果たしているのです。

ここに親鸞の言葉があります。

詮じさふらふところは、御身《おんみ》にかぎらず、念仏まふさん人々は、わが御身の料はおぼしめさずとも、朝家《ちょうけ》の御ため国民《くにたみ》のために、念仏まふしあはせたまひさふらはゞ、めでたふさふらふべし。往生を不定におぼしめさん人は、まづわが身の往生をおぼしめして、御念仏さふらふべし。わが御身の往生を一定とおぼしめさん人は、仏の御恩をおぼしめさんに、御報恩のために御念仏こゝろにいれてまふして、世のなか安穏なれ、仏法ひろまれとおぼしめすべしとぞ、おぼへさふらふ。（『定本親鸞聖人全集』第三巻「親鸞聖人御消息集」第二通）

［詮ずるところ、あなたに限らず、念仏しようとする人は、自分のことは考えず、天皇家の

ため、国民のために念仏申されると〔幕府に対して言われたようですが、それは〕結構なことです。往生に確信の持てない人は、まず自己の往生を考えて念仏されるがよいでしょう。自己の往生に確信のある人は、仏の御恩を考えて、その報恩のための御念仏を心掛けて、世のなか安穏なれ、仏法ひろまれとお考えになるがよいと思います」

わたしは最初これを読んだとき、びっくりしました。ここには、国家権力に対する親鸞の日頃の激越な調子がありません。まるで好々爺《こうこうや》の発言です。

じつは、これは、下総国横曽根の道場主の性信に宛てた親鸞の書簡です。ここらあたりはわたしの勝手な推測が入りますが、性信は鎌倉幕府の法廷に呼び出され、門弟を代表して親鸞の教える専修念仏を弁護したのでしょう。そのとき性信は、親鸞の門弟たちが称えている念仏は、「朝家の御ため国民のため」であると言った。「それでよかったのでしょうか?」と問われた親鸞は、

「そうだ。それでよいのだ」

と、幕府に対する性信の答弁を肯定したのが、親鸞のこの書簡だと思います。

とすると、鎌倉幕府の弾圧を避けるために、善鸞が関東の門弟たちに、賢善精進説こそ親鸞の主張であったと教えたことを、そんなに深くは咎められませんよね。善鸞は幕府からの弾圧

を弱めるために、精一杯やったのです。わたしは善鸞に同情します。

## 廻向とは何か?

それでは、最後に、親鸞の独創的な思想である、

——二種廻向《えこう》説——

について話すことにします。

昔は、第1章で述べた「悪人正機説」が、親鸞の独創だと思われていました。しかし近年は、悪人正機の思想は法然のもので、親鸞はそれを『歎異抄』において語ったのだとされるようになりました。だが、「二種廻向説」は、親鸞が法然と関係なく、独自に言い出した説です。

〝廻向〟(あるいは〝回向〟とも書きます)という語は、サンスクリット語の〝パリナーマ〟から派生した〝パリナーマナ〟あるいは〝パリナーマナー〟を訳したもので、その意味は「廻《めぐ》らし向ける」「振り向ける」です。何を振り向ける(廻向する)かといえば、自分が積んだ善行の功徳です。いいことをすればよい功徳が得られます。その功徳の一部を他人に振り向けるのが「廻向」です。理論的には、悪行をすれば悪い報いがある。その悪い報いを他人に振り向けることができそうですが、わたしは〝廻向〟(パリナーマ)がそういう意味で使われた例を

読んだことがありません。日本仏教では、死者のために「追善供養」をしますが、これも廻向の考え方にもとづいていると考えてよいでしょう。貴族が死者のために追善をして、その追加されたエネルギーでもって、死者が仏国土へ往くことを願ってするのです。

ところが親鸞は、そういう意味での廻向を否定します。なぜなら、あの遠い遠い極楽世界に往くためには、われわれはいったいどれくらいの善行を積めばよいでしょうか？　この世にあって、わたしたちはすぐに悪いことをしてしまいます。われわれが少々の善行をしたところで、それはすぐに悪行によって相殺されてしまいます。自分一人をさえ極楽往生させる力のない凡夫が、自分の積んだ功徳の一部を他人に廻向できるでしょうか?!　できっこありませんよね。だから親鸞は、われわれ凡夫には廻向できないと考えました。

では、廻向できるのは誰でしょうか？

それは阿弥陀仏です。

阿弥陀如来がその積まれた誓願力、本願力の功徳をわたしたちに廻向してくださる。その廻向によって、わたしたちは極楽世界に往生させてもらえるのです。親鸞はそのように考えました。この「阿弥陀仏のほうからの廻向」という考え方は、親鸞独自のものです。

## 親鸞の独創性

でも、それだけではありません。親鸞のユニークさ（独創性）は、『教行信証』の「教巻」の冒頭にある、次の文章によく表わされています。

謹んで浄土真宗を按《あん》ずるに、二種の廻向あり。一つには往相《おうそう》、二つには還相《げんそう》なり。

わたしたちは阿弥陀仏から廻向された誓願力によって、その阿弥陀仏の仏国土である極楽世界に往《い》かせてもらえるのです。それを親鸞は〝往相〟と呼んでいます。〝往〟という字は、〝往復〟といった言葉があるように、必ず「復」「帰」「還」を予想しています。往きっ放しではない。往けば必ず還って来るのです。親鸞は、それを、

——還相——

と読んでいます。われわれが極楽世界に往かせてもらえることは誰もが言うことですが、阿弥陀仏のお力によって、極楽世界から再びこの娑婆世界に帰還させてもらえることは、親鸞がはじめて言ったことです。つまり、

——阿弥陀仏からの廻向の思想——

——極楽浄土から再び娑婆世界に帰還するという思想——

の二つが、親鸞の独自の思想ということになります。二つをまとめて、

——二種廻向の思想——

とすることができるでしょう。「悪人正機説」ではなしに、「二種廻向説」こそが、親鸞の独想性です。

どうもわたしたちは、極楽往生といって、極楽に往くことばかりを考えています。何のために極楽世界に往くのか？ そこではいっさいの苦しみなく、悩みなく、わたしたちは仏道修行に励むことができます。だから、そこでわたしたちは阿弥陀仏のお力によって修行を完成させて、悟りを開いて仏になることができるのです。そして、仏になって再びこの娑婆世界に戻って来る。親鸞によると、極楽世界に往くことが「往相」、そこから娑婆世界に帰還することが「還相」です。それが親鸞の独創的な説です。

**▼独創、独創と言われますが、親鸞はその説を、何の根拠もなく空想的に思いついたのでしょうか？ それならわたしが「極楽浄土海中説」を唱えても、独創的と褒められるのですか？**

これは、ちょっとあなたに誤解を与えたようですね。小説家の独創というものは、これまで誰も考えなかったプロット（筋立て）を思いつくことです。それがいくら荒唐無稽でもかまいません。小説家に要求されるのは、描写力だと思います。

しかし親鸞は仏教者です。その仏教者に要求されているのは、「仏教」という大きな体系と矛盾しないことです。具体的にいえば、経典に説かれていることと一致することです。あなたの「極楽浄土海中説」は、どんな経典にもありません。まったくの空想ですよ。

親鸞の「阿弥陀仏からの廻向」は、人間の無力さ、この底無し沼の娑婆世界から脱出する力は人間にはない――ということを前提にすれば、その力は阿弥陀仏のほうから廻向されたものだという理論は誰だって納得できます。仏教の枠組みと矛盾しないのです。しかし、それは親鸞がはじめて言い出したことです。それで独創的と言ったのです。

## 典拠は『阿弥陀経』と『法華経』

▼それは分かりました。では、親鸞の「還相廻向説」はどうなるのですか？　何か根拠が

あるのですか？

わたしは親鸞の影響を受けています。知らず知らずのうちに親鸞に感化されているのです。そういう親鸞の目を通して『阿弥陀経』を読めば、『阿弥陀経』にちゃんと還相が説かれています。

《その国（＝極楽世界）の衆生は、夜明けとともに、花を盛る器に美しい花を盛り、他の世界においでになる十万億の仏に供養し、食事のときまでに帰って来て食事をし、そのあとあたりを静かに歩いて身心をととのえる》（ひろさちや『阿弥陀経――現代語訳とその読み方』による現代語訳）

前にも言いましたが、極楽世界は無時間です。ということは、無限の時間であり、おそらく極楽世界の一時間が地球上の何万年、何億年にもなるでしょう。だから、朝食前――というのは、インドの比丘《びく》は朝食だけしかとらないから、食事の前というのは朝飯前です――までの一時間に、あちこちの仏国土を訪ねることができます。その仏国土の一つが娑婆世界――釈迦仏の世界――であり、極楽浄土の住人は朝飯前に娑婆世界に来ているのです。これが親鸞の言う「還相の廻向」だとわたしは考えるのです。

それから、これはひろさちや『〈法華経〉の世界』（佼成出版社）において指摘しておいたの

ですが、『法華経』の「観世音菩薩普門品」――この章は独立して『観音経』として読まれています――には、

《世尊よ、観世音菩薩は、云何《いか》にしてこの娑婆世界に遊ぶや》

という一文があります。既述のように、観世音菩薩とは観音菩薩にほかならず、極楽世界にあって阿弥陀仏を補佐する立場です。しかし、いまは阿弥陀仏が極楽世界を取り仕切っておられますから、観音菩薩にはとくにすることがありません。そこで観音菩薩はさまざまな姿（三十三身）に変身して、この娑婆世界に遊びに来ておられるのです。それが『法華経』の言っていることです。

〝遊び〟という言葉に、日本人はあまり好印象を持ちませんが、仏教語には、

――遊戯《ゆげ》――

があります。これは、仏や菩薩がなにものにも囚《とら》われることのない自由の境地をいいます。仏や菩薩が真剣になって、汗水たらして人々を救われようとすれば、救われるほうもちょっとしんどいですね。やはり遊びの境地でわれわれを救ってくださったほうが、われわれも楽なんです。それが〝遊び〟の意味です。

ということは、観音菩薩は極楽世界からさまざまな姿に変身して、この娑婆世界に遊びに来ておられるのです。これも、親鸞のいう還相廻向になります。だから二種廻向説は、親鸞の独

創であると同時に、経典に典拠のある説なんです。

## 娑婆世界に遊ぶ

観音菩薩の変身には三十三ありますが、そのうち大事なのは、わたしは、——比丘《びく》・比丘尼《びくに》・優婆塞《うばそく》・優婆夷《うばい》・童男《どうなん》・童女《どうによ》——の六つだと考えます。でも、日本には本物の出家者（比丘・比丘尼）がいませんから——本物の出家者はホームレスで、結婚もせず、所得税も払っていません——その二つを抜かし、大事なのは男性の在家信者である優婆塞と、女性のそれの優婆夷、そして童男と童女です。この四つで、わたしたちの周囲にいる人々がすべて観音菩薩の変化身だと分かります。

そうすると、わたしたち全員が本当は観音菩薩なんですが、極楽世界からしばらくのあいだこの娑婆世界に戻って来ているのです。ある人は大金持ちの姿となって、またある人は貧乏人の姿となっています。ある人は優等生、ある人は劣等生。ある人は健康な人、ある人は病弱な人。みんなさまざまな姿をしていますが、そんな表面的な仮面を取れば、あらゆる人が観音菩薩です。ですから、表面的な姿に文句を言ってはいけません。その配役を決められたのは阿弥陀仏です。貧乏人が、わたしは金持ちの配役をつとめたかったと文句を言うのは、阿弥陀仏に文句を言っていることになります。それが還相廻向の考え方です。阿弥陀仏が配役を決められ、阿弥陀仏の功徳力によって、わたしたちはこの娑婆世界という舞台の上に立っています。だから、わたしたちは与えられた役割をしっかりと果たしましょう。かりにルンペンの役割を与えられた人は、しっかりとルンペンになりきるのが名優だと思います。ルンペンのくせに、それを殿様気分で演じるのは大根役者ですよ。

自分が阿弥陀仏からキャスティングされた（役を割り振られた）配役を演じているのと同様に、他人もまた観音菩薩であり、役者であるのです。だからわたしたちは、

――あなたは観音菩薩、そしてわたしも観音菩薩、みんな観音菩薩――

と信じて、この世の中で暮らしましょう。ちょうど親鸞が妻の恵信尼を観音菩薩と信じ、恵信尼が夫を観音菩薩と信じたように。いえ、家族だけが観音菩薩ではありません。近くにいる人も、遠くにいる人も、みんな観音菩薩です。そう信じて生きるのが、極楽浄土からちょっとこの世に遊びに来た、われわれの生き方だと思います。

けれども、誤解しないでください。わたしは、すべての人を愛せよ！　なんて言っていません。「愛せよ！」と命じられても、愛することができない、〈殺してやりたい〉と思うほど憎い人がいます。憎い人は憎い人でいいのです。嫌な奴は嫌な奴でいい。しかし、阿弥陀仏がその人にその役割、配役を与えておられることを信じて憎むのです。信じて嫌うのです。なかなか

むずかしいことですが、そのように演ずるのが役者の使命です。

そしてもうすぐ、わたしたちは故郷である極楽世界に戻ります。すると、きっと阿弥陀仏が、

「ご苦労さん、ご苦労さん。おまえさんにあんな役割を与えて、なかなかしんどかっただろう。でもね、おまえさんがあの役目をしっかり果たしてくれたので、わたしのシナリオがうまく行ったのだよ。ありがとう。あとはしばらく、この極楽世界でゆっくりと休憩をとるがいい」

そう言ってくださると思います。わたしはそう信じています。

これが親鸞から教わったこの世の生き方です。

わたしたちは、極楽世界からちょっとこの苦しみの娑婆世界に遊びに来ているのだよ。だから遊びの気持ちでこの世で苦しむがいい。親鸞はそう教えてくれました。わたしはそう信じています。

# 親鸞略年譜

| 年次 | 西暦 | 年齢 | 行実 | 参考事項 |
|---|---|---|---|---|
| 承安 三 | 一一七三 | 一 | 京都（京都市伏見区）に生まれる。 | |
| 安元 元 | 一一七五 | 三 | | 法然、専修念仏を主唱する。 |
| 養和 元 | 一一八一 | 九 | 慈円のもとで得度する。その後、比叡山に上り二十年間修行する。 | 平清盛死去する。 |
| 寿永 元 | 一一八二 | 十 | 恵信尼生まれる。 | |
| 文治 元 | 一一八五 | 十三 | | 平氏、壇ノ浦で滅びる。 |
| 建久 二 | 一一九一 | 十九 | | 栄西、宋より帰朝し禅宗を弘める。 |
| 建久 九 | 一一九八 | 二十六 | | 法然、『選択本願念仏集』を、栄西、『興禅護国論』を著す。 |

| | | | | |
|---|---|---|---|---|
| 建仁　元 | 一二〇一 | 二十九 | 比叡山を下りて京都六角堂に百日参籠、九十五日目に救世観音の夢告を受ける。その後、法然の専修念仏に帰依する。この頃、玉日姫と結婚する。 | |
| 元久　元 | 一二〇四 | 三十二 | 法然が定めた制誡『七箇条起請文』に「綽空」の名で署名する。 | 比叡山の衆徒、専修念仏の停止を天台座主に訴え出る。 |
| 元久　二 | 一二〇五 | 三十三 | 法然より『選択本願念仏集』の書写を許される。 | 興福寺、専修念仏禁止を訴える『興福寺奏上』を朝廷に提出する。 |
| 建永　二 | 一二〇七 | 三十五 | 専修念仏停止の命が下され、法然は土佐へ、親鸞は越後へ流罪（恵信尼を帯同）となる。 | 九条兼実死去する。 |
| 承元　三 | 一二〇九 | 三十七 | 玉日姫死去する。 | |
| 建暦　元 | 一二一一 | 三十九 | 信蓮房（明信）生まれる。流罪が赦免となる。 | 法然、流罪が赦免となり入京（東山大谷）する。 |

| | | | | |
|---|---|---|---|---|
| 建暦 二 | 一二一二 | 四十 | | 法然死去する（八十歳）。 |
| 建保 二 | 一二一四 | 四十二 | 上野国佐貫（群馬県邑楽郡明和村大佐貫）において浄土三部経の千部読誦を始めるも四、五日で中止する。その後、常陸国（茨城県）へ赴く。 | |
| 建保 五 | 一二一七 | 四十五 | この頃、常陸国笠間郡稲田（茨城県笠間市稲田）に住み始める。この地で『教行信証』の執筆を始める。 | |
| 承久 三 | 一二二一 | 四十九 | | 後鳥羽法皇、承久の乱に敗れ、鎌倉幕府により隠岐へ配流となる。 |
| 元仁 元 | 一二二四 | 五十二 | 覚信尼生まれる。 | |
| 寛喜 元 | 一二二九 | 五十七 | | 鎌倉大地震起こる。 |
| 寛喜 三 | 一二三一 | 五十九 | 病床で建保二年（一二一四）の | 前年より諸国大飢饉、餓死者多数 |

| | | | | |
|---|---|---|---|---|
| 嘉禎　元 | 一二三五 | 六十三 | 「浄土三部経の千部読誦」の内省について恵信尼に語る（「まはさてあらん」）。 | 出る。 |
| 延応　元 | 一二三九 | 六十七 | この頃、常陸国を離れて京都に戻る（覚信尼を帯同）。孫（善鸞の子）の如信生まれる。 | 『選択本願念仏集』が開版される。 |
| 寛元　二 | 一二四四 | 七十二 | | 道元、越前国（福井県）に大仏寺（後の永平寺）を開創する。 |
| 宝治　二 | 一二四八 | 七十六 | 『浄土和讃』『高僧和讃』を著す。 | |
| 建長　二 | 一二五〇 | 七十八 | 『唯信鈔文意』を著す。 | |
| 建長　四 | 一二五二 | 八十 | この頃、親鸞、門弟間の混乱（造悪無碍説と賢善精進説の対立）収拾のため善鸞を関東へ派遣する。 | |

| | | | | |
|---|---|---|---|---|
| 建長 五 | 一二五三 | 八十一 | | 日蓮、立教開宗を宣言する。道元死去する。 |
| 建長 七 | 一二五五 | 八十三 | 『愚禿鈔』を著す。 | |
| 建長 八（康元元） | 一二五六 | 八十四 | 善鸞を義絶する。『往相廻向還相廻向文類』を著す。 | |
| 正嘉 元 | 一二五七 | 八十五 | 『一念多念文意』『如来二種廻向文』を著す。 | |
| 正元 元 | 一二五九 | 八十七 | | 諸国に疫病蔓延、餓死者多数出る。 |
| 文応 元 | 一二六〇 | 八十八 | | 日蓮、『立正安国論』を著す。 |
| 弘長 二 | 一二六二 | 九十 | 京都にて死去する。 | |

ひろ　さちや

一九三六年（昭和十一年）、大阪市に生まれる。東京大学文学部印度哲学科卒業、東京大学大学院人文科学研究科印度哲学専攻博士課程修了。一九六五年から二十年間、気象大学校教授をつとめる。退職後、仏教をはじめとする宗教の解説書から、仏教的な生き方を綴るエッセイまで幅広く執筆するとともに、全国各地で講演活動を行っている。厖大かつ多様で難解な仏教の教えを、逆説やユーモアを駆使して表現される筆致や語り口は、年齢・性別を超えて好評を博している。

おもな著書に、『仏教の歴史（全十巻）』『釈迦』『仏陀』『大乗仏教の真実』『ひろさちやのいきいき人生（全五巻）』（以上春秋社）、『観音経 奇蹟の経典』（大蔵出版）、『お念仏とは何か』『禅がわかる本』（以上新潮選書）、『生き方、ちょっと変えてみよう』『のんびり、ゆったり、ほどほどに』『インド仏教思想史（上下巻）』『〈法華経〉の世界』『『法華経』日本語訳』『〈法華経〉の真実』（以上佼成出版社）などがある。

# 親鸞を生きる

2021年7月30日　初版第1刷発行

著　者　ひろさちや

発行者　中沢純一

発行所　株式会社佼成出版社

〒166-8535　東京都杉並区和田2-7-1
電話　(03) 5385-2317 (編集)
　　　(03) 5385-2323 (販売)
URL　https://kosei-shuppan.co.jp/

印刷所　錦明印刷株式会社

製本所　株式会社若林製本工場

◎落丁本・乱丁本はお取り替えいたします。

〈出版者著作権管理機構 (JCOPY) 委託出版物〉
本書の無断複製は著作権法上での例外を除き禁じられています。複製される場合はそのつど事前に、出版者著作権管理機構 (電話 03-5244-5088、ファクス 03-5244-5089、e-mail: info@jcopy.or.jp) の許諾を得てください。
© Sachiya Hiro, 2021. Printed in Japan.
ISBN978-4-333-02850-4　C0015　NDC188/216P/19cm

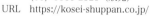

ひろさちや「祖師を生きる」シリーズ【全8冊】

平安・鎌倉時代に活躍した
祖師方と〈出会い直す〉ことが、
濁世《じょくせ》を生き抜く杖となる。

親鸞を生きる
【以下続刊（順不同）】
道元を生きる
空海を生きる
法然を生きる
最澄を生きる
日蓮を生きる
一遍を生きる
栄西を生きる
（四六判・並製）

仏教を分かりやすく語り続けて半世紀――
最新の仏教研究を踏まえて書き下ろされた
著者渾身のシリーズここに誕生。